Paula Horan

Reiki

Der Weg zur Erfüllung

Ein erfolgreiches
42-Tage-Programm zum Erreichen von
Gesundheit, Liebe und Wohlstand

WINDPFERD

1. Auflage 1995

Umschlagdesign: Wolfgang Jünemann
Übertragen aus dem Amerikanischen von Matthias Dehne
Gesamtherstellung: Schneelöwe, D-87648 Aitrang
ISBN 3-89385-142-9

Printed in Germany

Dieses Buch ist H.W.L. Poonja gewidmet,
der mein Herz öffnete
für den Glanz des SELBST,
weit über die Grenzen des Geistes hinaus

Inhaltsverzeichnis

Danksagung

Fast sieben Jahre sind vergangen, seit ich *Die Reiki-Kraft* schrieb. Damals hatte ich das Gefühl, alles gesagt zu haben, was ich jemals über Reiki sagen wollte. Seitdem ist viel passiert, das mich tieferem Wissen und, bedeutsamer noch, tieferem Sein geöffnet hat. Ich bin sehr dankbar dafür, daß ich Reiki praktizieren und weltweit lehren durfte.

Meine größte Quelle der Inspiration in den letzten Jahren war für mich die tiefe Verbindung mit meinem geistigen Lehrer H.W.L. Poonja, dem ich dieses Buch gewidmet habe. Seine bedingungslose Liebe und sein offenes Herz haben mir wahres Selbst gezeigt – die Quelle Universaler Lebensenergie.

Meinen indischen Partnern Upen und Anjana Chokshi schulde ich ebenfalls großen Dank, denn in gewisser Hinsicht geht *Reiki – der Weg zur Erfüllung* auch auf ihre Anregung zurück. Als erfolgreiche und engagierte Reiki-Meister haben mich diese lieben Freunde tatkräftig ermutigt, die Übereinstimmung von wahrem Selbst und Universaler Lebenskraft tiefer zu erforschen und auf Kursen und Seminaren mit anderen zu teilen.

Ich möchte mich ferner bei meinem Vater Robert Horan bedanken, daß er mir auch dieses Mal für die Niederschrift meiner Ideen einen Raum der Stille zur Verfügung stellte, und vor allem bei meinem Mann, Matthias Dehne, für seine Hilfe, Inspiration und Mitwirkung von den ersten Diskussionen am Strand von Goa bis zur Abgabe des fertigen und vielfach umgearbeiteten Manuskripts.

Einen weiteren Grund zur Freude habe ich, weil mein erstes Buch *Die Reiki-Kraft* inzwischen in zwölf Sprachen übersetzt wurde und in vielen Ländern als Basiswerk zum Thema gilt. Für ihren Einsatz und ihre Begeisterung bin ich meinen Verlegern Wolfgang und Monika Jünemann zu Dank verpflichtet.

Darüber hinaus sage ich allen ein herzliches Dankeschön, die mich auf meinen Reisen um den Globus mit ihrem einmaligen Stück vom Kuchen der Fülle beschenkt haben, ganz gleich wo wir uns begegnet sind. Meine Wünsche auf Deinem Weg zur allumfassenden Fülle von wahrem Selbst und Universaler Lebensenergie mögen Dich immer begleiten.

Das Lied der Fülle

Jeder Augenblick
der eine Augenblick
wenn Dasein
ist ein Tropfen
auf dem Weg zum Meer

Jeder Augenblick
der eine Augenblick
wenn alles Tun
für immer ruht
daß Frucht wächst auf dem Baum

Jeder Augenblick
der eine Augenblick
wenn Herz ist Liebe
gestillt in Liebe
und niemals stockt der Fluß

Narayan

Einleitung

Wenn Reiki die Energie
der Universalen Lebenskraft ist,
und Du und ich dieselbe Energie
der Universalen Lebenskraft sind,
ist es nur logisch,
die Usui-Methode des natürlichen Heilens
als einen mühelosen Prozeß zu verstehen,
in dessen Verlauf wir uns selbst und anderen
mehr von dem geben,
was wir im Grunde bereits sind.

Reiki – der Weg zur Erfüllung führt Dich ganz praktisch und konkret zur Verbindung von Universaler Lebensenergie und wahrem Selbst. Damit weckt sie in Dir das tiefe Wissen von der Fülle, die Dein eigentliches Wesen ist. Die vielen konkreten biographischen und anderen Beispiele veranschaulichen, wie Du Dich durch Anwendung Universaler Lebensenergie aus emotionalen Verstrickungen und Blockaden lösen kannst, während die Texte und Kommentare der Übungen Dir den Weg durch eingehende Selbstbefragung zu wahrer Erfüllung weisen. Indem Du in Dich hineinhörst und fühlst, wirst Du entdecken, daß diese Erfüllung in ihrem Kern nicht verschieden ist von Deinem wahren oder Kern-Selbst. Anders ausgedrückt: Reiki, die Usui-Methode des natürlichen Heilens, führt Dich schließlich zu der Erfahrung, daß Du selbst Reiki oder Universale Lebensenergie bist.

Reiki hat sich in den letzten Jahren vor allem in Deutschland, Österreich und der Schweiz zu ungeheurer Blüte entfaltet. Es gibt immer mehr Reiki-Meister und Reiki-Schüler. Vieles ist seit dem Erscheinen meines ersten Buches 1989 über die Energie der Universalen Lebenskraft in Zeitungen, Zeitschriften und neuen

Büchern geschrieben worden. Noch mehr wird im Augenblick geschrieben. Fast alle diese Veröffentlichungen befassen sich jedoch mit der Heilung des Körpers und/oder der Beseitigung psychischer Symptome. Daß dieser Ansatz im Vordergrund steht, ist sogar verständlich, denn schließlich symbolisiert volle Gesundheit jene Ganzheit, nach der wir uns tief in unserem Inneren so sehr sehnen.

In den mehr als sieben Jahren meiner Tätigkeit als Reiki-Meisterin habe ich Reiki ganz bewußt ein wenig anders erfahren und weitergegeben, nämlich ganzheitlich mit einer gewissen kindlichen Offenheit: als eine unfaßbare Energie, die alle Lebensbereiche durchströmt und transformiert und um eine bisher ungeahnte Fülle an Wahrnehmungen und Erfahrungen bereichert. Reiki ist eine Lebenskunst, ja mehr noch – Reiki ist EINSSEIN.

Je vollständiger wir uns der Energie der Universalen Lebenskraft anvertrauen, die wir im Grunde sind, desto mehr öffnen wir uns ihrer verwandelnden Kraft. Je mehr wir uns dann in jene Kraft hineinbegeben, desto geheimnisvoller wird sie für uns. Es fällt uns zunehmend schwer, sie rational zu erklären. Zum Glück ist das durch Reiki nicht länger ein Problem für uns, weil wir im Laufe von Jahren der Praxis unsere Sucht nach intellektuellen Erklärungen verlieren. Stattdessen leben wir im Augenblick und *in der Erfahrung*. Wir leben aus dem Bauch und unmittelbaren Fühlen, nicht länger aus dem Kopf und seinen trennenden und aufteilenden Gedanken.

Das Buch hat im wesentlichen zwei Teile, einen theoretischen einführenden und einen praktischen. Der einführende Teil in den Kapiteln 1 bis 3 stellt einige Grundeigenschaften von Reiki dar. Vor allem aber erzähle ich dort meine eigenen Erfahrungen, die ich mit Reiki als Weg der Erfüllung auf der ganzen Welt gemacht habe. Der praktische Teil führt Dich in das 42-Tage Programm zur absoluten Erfüllung ein, stellt die Prozesse dieses Programms vor und beschreibt anhand von Fallbeispielen, welche positiven Folgen sich nach Abschluß der 42 Tage einstellen können.

Ziel des Textes, der Beispiele und Übungen ist es, Dir den Zugang zu der Fülle und Erfüllung, dem unermeßlichen Reichtum zu öffnen, die Du im Kern Deines Wesens bist. Da ich mich hier in diesem Buch also ganz auf dieses Thema konzentrieren möchte, gehe ich auf die anderen Aspekte der Reiki-Praxis nicht näher ein. Wenn Du etwas über die Einweihungen, Handpositionen und Heilwirkungen der Universalen Lebenskraft erfahren möchtest, empfehle ich Dir mein erstes Buch *Die Reiki-Kraft* oder Bodo Baginskis und Shalila Sharamons wunderschöne Einführung *Reiki – Universale Lebensenergie.* Auch Roland Stenglins *Reiki – Energie und Weg* berücksichtigt in der Darstellung die Einfachheit und Offenheit von Reiki. Besser als alle Bücher ist allerdings die Teilnahme an einem Reiki-Kurs, nachdem Du eine geeignete Meisterin oder einen geeigneten Meister gefunden und sorgfältig geprüft hast, ob Du mit ihr oder ihm arbeiten möchtest.

Für die erfolgreiche Durchführung des 42-Tage Programms zur absoluten Erfüllung ist Reiki keine Voraussetzung. Du mußt Reiki weder haben noch einsetzen, um mit dem Programm gute Ergebnisse auf Deinem Weg zur Erfüllung zu erzielen. Reiki kann Dich allerdings sehr unterstützen. Falls Du Reiki in diesen Prozeß hinbringen möchtest, dann geht das nur praktisch. Das heißt, Du brauchst zumindest die Einstimmungen in den Ersten Grad. Und das ist im übrigen überhaupt das einzig wirksame Vorgehen. Über Reiki lesen kann zwar Spaß machen und inspirieren, aber wenn Reiki etwas bringen soll, dann nur durch liebevolle und möglichst regelmäßige Anwendung, am besten in Form von Ganzbehandlungen oder durch spontanes Handauflegen. Besondere Positionen für besondere Wirkungen sind weder hier noch in den meisten anderen Fällen angezeigt.

Reiki – der Weg zur Erfüllung ist also für alle geeignet, die tiefe Erfüllung aus ihrem eigenen Wesen, aus wahrem und über-persönlichem SELBST erfahren und/oder ihre Reiki-Praxis als einen umfassenden Weg gehen möchten, der ihr ganzes Leben mit der uneingeschränkt positiven Energie der Universalen Lebenskraft erfüllt.

Für das Buch gibt es verschiedene Beweggründe. Zum einen möchte ich Dir die Möglichkeit geben, die Muster des Mangels zu beleuchten und bewußt zu machen, so daß Du sie schließlich auflösen kannst. Jede Überzeugung und jedes Gefühl des Mangels schränkt Deine Entwicklung unnötig ein (wobei der Mangel nicht materiell sein muß, sondern ein Mangel an Liebe, Einsicht, Lebensfreude oder eine x-beliebige andere Form des Mangels sein kann). Du darfst diesen Mangel als Spiegel verstehen, der Dir zeigt, in welchem Bereich und wie weit Du Dich von wahrem Selbst entfernt und von Deiner eigenen Quelle der Lebendigkeit und Fülle abgeschnitten hast.

Zum anderen geht es mir darum, die alldurchdringende und *ganzheitliche* Natur der Reiki-Kraft aufzuzeigen. Reiki hat ausschließlich heilende Wirkung, weil es über den Weg der Einstimmung oder Einweihung durch einen qualifizierten Meister aus einer Ebene der Wirklichkeit kommt, die im Einssein der Universalen Lebensenergie alle polaren Gegensätze aufhebt. Reiki ist nicht den polaren Gegensätzen von »gut« und »schlecht«, »positiv« oder »negativ« unterworfen und kann uns eben deswegen aus dem Festhalten an der Dualität oder dem in polare Gegensätze aufgespaltenen Bewußtsein befreien und in den *Ozean des Bewußtseins* geleiten.

Die Erfahrungen des 42-Tage Programms vergegenwärtigen Dir dann, daß auch Du dieselbe Quelle hast, ja dieselbe QUELLE *bist.* Seine Texte und Übungen machen diese Wirklichkeit für Dich erlebbar; sie können Dir die Fülle des wahren Selbst erschließen, so daß alles zu Dir kommt, weil Du im ewigen Jetzt Deiner QUELLE alles bist. Allerdings lebst Du dann nicht mehr als kleines »Ich« mit Widerständen und Wünschen, sondern als großes ICH BIN, das alle positiven und negativen Erfahrungen zuläßt und durch sich hindurchläßt, ohne an ihnen zu hängen oder sich an sie zu klammern.

An manchen Stellen im Buch sind bestimmte Worte in KAPITÄLCHEN gesetzt. Sie verweisen Dich darauf, daß mit ihnen die *ganze* runde Wirklichkeit angedeutet ist, die alle Gegensätze überwindet und einschließt. Die Großschreibung erscheint nicht an jeder Stelle, an der sie hätten erscheinen können, sondern nur gelegentlich als kleine Hilfe für Deine Bewußtheit, die Dir ins Gedächtnis ruft, daß Du Dir wahres Selbst und Universale Lebensenergie *nicht* erarbeiten kannst, ganz einfach weil Du wahres Selbst und Universale Lebensenergie schon immer warst, *jetzt* bist und immer sein wirst. Deswegen brauchst Du auch keine zusätzlichen Übungen oder angeblich »weiterführende Systeme zur Steigerung der Universalen Lebensenergie« (wie sollte noch gesteigert werden, was schon allumfassend ist?), sondern höchstens kleine Anstöße für Deine Bewußtheit, damit Du Deine eigene tiefe Wahrheit *bewußt* fühlen und wahrnehmen und würdigen kannst. In diesem Sinn hat sich auch Phyllis Furumoto geäußert, die einzige Großmeisterin in direkter Nachfolge von Hawayo Takata. Sie sagt: »Mit keiner Einweihung, ganz gleich, ob in den Ersten, Zweiten oder Dritten Grad wird der Reikischülerin oder dem Reikischüler etwas gegeben, das sie oder er noch nicht gehabt hätte, oder etwas genommen, das sie oder er in sich trägt.« – Wahres Selbst kann wahres Selbst weder steigern noch mindern.

Wie in der Danksagung erwähnt, habe ich das Buch meinem geistigen Lehrer H.W.L. Poonja gewidmet. Er hat mir gezeigt, daß es nichts zu verwirklichen gibt, daß alles hier ist und alles jetzt geschieht, daß wir nur für eine Sekunde unsere Augen zu öffnen brauchen, um *wirklich* zu sehen und den Reichtum des Lebens und der Liebe zu empfangen, die wir *sind.* Gewisse Formen im Ausdruck des Buches sind seiner und der großen Tradition Ramana Maharshis entlehnt. Sie kommen aus der indischen Überlieferung des *Advaita*, die praktisch zeigt, daß es nichts gibt außer wahrem Selbst. Aber sie entsprechen gleichzeitig allen anderen großen spirituellen Traditionen, die Dich übereinstimmend lehren, Dich selbst zu erkennen. Alle echten spirituellen Überlieferungen sagen im Grunde nur eines: Spüre, fühle und lebe, wer Du *wirklich* bist, jenseits aller aufgesetzten und falschen Konditionierungen und Begrenzungen. Indem es uns immer tiefer dem Fluß der Universalen Lebensenergie öffnet, gehört auch Reiki zu diesen Traditionen.

Die Prozesse des 42-Tage Programms sind deswegen keine Techniken, die Reiki erweitern, sondern Hilfschritte zur Vertiefung der Bewußtheit. Außerdem bringen sie Dir natürlich ganz konkreten Nutzen, wie Du den eingestreuten Erfahrungsberichten, besonders in Kapitel 5, entnehmen kannst. Mit dem 42-Tage Programm wirst Du Ängste abbauen und Dein Leben noch besser genießen lernen: Du wirst würdigen, was es für Dich heißt, lebendig zu sein.

Bevor Du jedoch an diesen Punkt kommst, wirst Du Frieden schließen mit all jenen Faktoren in Deinem Dasein, gegen die Du Widerstände empfindest. Und genau dazu möchte ich Dir verhelfen: Dir Wege zeigen, wie Du alle Widerstände gegen das Leben und Deine Wünsche und Ziele tief in Dir *fühlen* und auflösen kannst. Dann kannst Du Dich auf die natürliche Fülle konzentrieren, die mit dem Lebendigen einhergeht, und wirst nicht länger zwischen Widerstand und Wunsch hin- und hergeworfen.

Durch das ganze Buch zieht sich wie ein roter Faden die entscheidende Einsicht, daß tiefe Erfüllung sich nur einstellt, wenn Du Dir vergegenwärtigst, wie unwichtig das kleine »Ich« oder Ego eigentlich ist. Auf sich allein gestellt vermag das Ego gar nichts, auch wenn es uns suggeriert, daß es sehr viel für uns leistet. Nur eine Fähigkeit wird einen ununterbrochenen Strom der

Fülle in Dein Leben hineintragen: deine Bereitschaft, Deine Aufmerksamkeit nach innen auf wahres Selbst oder universalen GEIST zu lenken. Positive Affirmationen haben eine begrenzte Wirkung. Sie tragen Dich bis zu einem bestimmten Punkt, und auch das nur, wenn Du sie aus wahrem Selbst sprichst. Kommen sie hingegen vom kleinen, konditionierten »Ich« oder falschen »Selbst«, dann wird der negative oder Schattenaspekt dieses »Ich« schließlich in den Vordergrund drängen und jeden durch die positiven Affirmationen erzielten Fortschritt über den Haufen werfen. Wenn wir wirkliche Erfolge erzielen wollen, müssen wir uns zuerst mit den tief verwurzelten negativen Überzeugungen auseinandersetzen, sie wahrnehmen und fühlen, uns dann unsere Wünsche vorstellen und alle Gefühle erleben, die wir mit ihnen verbinden und uns schließlich der Einstellung der Dankbarkeit anvertrauen.

In den folgenden Kapiteln möchte ich diesen Weg gemeinsam mit Dir gehen. Möge das Buch Dich zu dem inneren Frieden inspirieren, der ganz natürlich zu fließen beginnt, sobald Du aus göttlicher Quelle lebst.

Kapitel 1

Was ist Reiki?

Reiki ist das japanische Wort für die Energie der Universalen Lebenskraft. Für die meisten, die sich gerade damit vertraut machen, ist Reiki eine uralte Heilkunst, vor etwa einhundert Jahren von Dr. Mikao Usui wiederentdeckt. Da das Buch hauptsächlich Lebensfülle und Erfüllung lehrt, werde ich mich hier nicht lange mit den heilenden Aspekten von Reiki aufhalten, sondern empfehle zu diesem Thema mein erstes Buch, *Die Reiki-Kraft*, das ausführlich darauf eingeht. Ja besser noch, nimm doch einfach an einem Reiki-Seminar teil und mache auf diese Weise Erfahrungen aus erster Hand.

Bevor ich allerdings zum Thema Reiki und innere und äußere Erfüllung übergehe, scheint es angemessen, zumindest eine kurze Zusammenfassung über Reiki vorauszuschicken und zu beschreiben, wie sich diese transformierende Energie als Werkzeug zu Heilzwecken einsetzen läßt. Wie wir oben bereits sagten, ist Reiki das japanische Wort für die Energie der Universalen Lebenskraft. Zerlegt man die Schriftzeichen für »Rei« und »Ki« in ihre Bestandteile, läßt sich Reiki nach dem japanischen *Kanji*-Alphabet definieren als: Transzendenter GEIST – geheimnisvolle Kraftessenz. In meinem ersten Buch habe ich gesagt, daß wir alle bereits Reiki-Energie (die Kraft der Universalen Lebensenergie) haben, denn sie ist unser Geburtsrecht. Wenn man genau sein will, könnte man sogar sagen, daß wir Reiki oder die Kraft der Universalen Lebensenergie *sind*, ist diese doch der »Stoff«, aus dem wir gemacht sind. Selbst die Wissenschaft räumt mittlerweile ein, daß undurchdringliche Objekte langsam schwingende Energie sind, und daß es feste Materie im Grund genommen gar nicht gibt. Auch die hermetische Wissenschaft lehrt, »alles ist Energie«.

Wolkenbänke verflüchtigen sich
Erde duftet nach Sommerregen
noch haften Tropfen
auf Blättern wie von Smaragd
unter der Großen Geheimnisvollen Sonne
die hervorbricht
aus Herz

Narayan

Im Usui-System des natürlichen Heilens erhalten die Teilnehmer in einem Reiki-Seminar die sogenannten Einstimmungen oder Einweihungen; diese helfen ihnen, sich zu öffnen, so daß sie durch Handauflegen mehr von dieser Energie in sich aufnehmen können. Es gibt verschiedene Stufen der Energieverstärkung und deswegen drei Reiki-Grade. In Dr. Usuis Zeiten sind die Schüler mit ihm herumgereist und wurden auf diese Weise über die Jahre allmählich durch den Prozeß der Einstimmung in die verschiedenen Energieebenen eingeweiht, bis auch sie schließlich Lehrer geworden waren. In unserem Jahrhundert hat die Unterteilung der Einstimmungen in Grade die Weitergabe der verschiedenen Stufen der Einweihung erleichtert.

Es ist gut, wenn Du Dir vor Vollendung eines jeden der aufeinanderfolgenden Schritte oder Grade ausreichend Zeit läßt, Dich an eine höhere Schwingungsfrequenz anzupassen, so daß sich in täglicher Reiki-Praxis die alten Muster auch wirklich abschleifen können. Außerdem brauchst Du ausreichend Zeit, die Techniken der momentanen Ebene Deiner Übung zu meistern, bevor Du zur nächsten Ebene weitergehen kannst. Bevor Du den Zweiten Grad angehst, arbeitest Du am besten drei Monate (wenn nicht sogar länger) mit dem Ersten Grad, und dann wartest Du mindestens drei Jahre, bevor Du den Dritten (oder Meister-) Grad in Erwägung ziehst. Durch die erstaunlichen Ergebnisse von Reiki angeregt, sind in den letzten Jahren zu viele Reikischüler durch die Drei Grade gestürmt und haben sich damit um einen reichen Erfahrungsprozeß betrogen. Ich empfehle Dir, Reiki wie ein guten Wein langsam zu genießen und zu erfahren und nicht gedankenlos »herunterzukippen«. Wenn Du das tust, kannst Du unmöglich in den Genuß von Reiki gelangen.

Ein ähnliches Beispiel, das ich häufig mit meinen Schülerinnen und Schülern teile, um die Torheit der Eile zu veranschaulichen, handelt von dem jungen Paar von heute: die beiden sind ineinander verknallt (oder schlicht heiß aufeinander), hüpfen ins Bett, haben hektischen, leidenschaftlichen Sex und werden dann mit der peinlich »nackten« Tatsache konfrontiert, daß sie ja nicht einmal miteinander befreundet sind. Wenn Du schon ein paar Beziehungen hinter Dir hast, weißt Du inzwischen, wie wichtig das nähere Kennenlernen ist. Du wirst eine echte Beziehung entwickeln wollen, so daß der Sex später ein Ausdruck jener Tiefe sein kann und nicht zur Peinlichkeit am Tag danach verkommt. Mit Reiki ist das nicht anders. Ich bilde nun seit einigen Jahren Reiki-Meisterinnen und -Meister (im Dritten Grad) aus und habe dabei immer wieder klar erkannt, daß gerade die am reichsten von Reiki beschenkt und am glücklichsten sind, die am längsten gewartet und ihre eigenen Entwicklungsprozesse durchgemacht haben. Außerdem sind sie weniger in Gefahr, ihrem Ego zum Opfer zu fallen wie andere, die durch die Reiki-Grade gehetzt sind und infolgedessen in ihrer inneren Entwicklung sogar zurückgeworfen wurden.

Über längere Zeit genossen und angewandt, kann Reiki so viel mehr sein als eine simple Methode zur Heilung von ein paar unangenehmen physischen Symptomen, die zeitweilig verschwinden, bis wir dumm genug sind, wieder in unsere alten schlechten Angewohnheiten zu verfallen. Reiki kann tatsächlich zum Wegfall negativer Verhaltensmuster wie zuviel essen, rauchen, überarbeiten und so weiter beitragen, so daß wir nicht länger Krankheit produzieren oder überraschende Unfälle auf uns ziehen. Kurz gesagt, mit der Zeit beschleunigt Reiki unsere Entwicklung zu menschlicher und spiritueller Reife.

Wie ich eingangs feststellte, haben wir alle Reiki-Energie, denn im Grund *sind* wir genau diese Energie der Universalen Lebenskraft. Was Reiki von anderen Heilmethoden unterscheidet, ist der Einstimmungs- oder Einweihungsprozeß, den die Teilnehmer im Verlauf eines Reiki-Seminars erfahren. Jeder kann am anderen die Hände auflegen und durch Übertragung elektromagnetischer Energie den Heilungsprozeß beschleunigen. Wer die Reiki-Einstimmungen bekommen hat, ist darüber hinaus jedoch in den Genuß einer uralten Technik der Feinabstimmung gekommen, die die Schwingungsfrequenz des physischen Körpers und der verschiedenen feinstofflichen Energiekörper mühelos erhöht.

Im Verlauf der Einstimmungen ist der Reiki-Meister für die Schülerin oder den Schüler ein Spiegel, der ihr oder ihm hilft, sich selbst auf die Reiki-Energie einzustimmen. Diese verstärkte Energie bewirkt, daß sich ein offener »Kanal« für kosmische oder Universale Energie manifestieren kann. Reiki strömt dann durch eben diesen Kanal am Kopf in den Schüler ein, durch den Oberkörper und bei jeder Reiki-Behandlung aus den Händen heraus. Der Körper schwingt mit höherer Frequenz, was einen 21-tägigen Reinigungsprozeß auslöst. Außerdem führt die Anhebung der energetischen Grundschwingung unweigerlich zur Abstoßung negativer Muster und Blockaden. Die Einstimmungen wirken außerordentlich präzise und können nur von einem in der Usui-Methode geschulten Reiki-Meister übertragen werden. Ich empfehle, daß Du zuerst einige Reiki-Meisterinnen und -Meister kennenlernst und Dich dann für die oder den entscheidest, bei der oder dem Du eine gewisse Resonanz spürst oder das Gefühl hast, daß ein gemeinsames Band Euch verbindet.

Die Einstimmungen wirken auf jeden Menschen anders. Wie,

das hängt von der Schwingungsfrequenz ab, auf der Du bei ihrem Empfang schwingst. Mit anderen Worten: Wenn Du schon längere Zeit an der Erweiterung Deiner Bewußtheit gearbeitet und Deine Schwingungsfrequenz stetig erhöht hast, werden die Einstimmungen Dich wie durch einen Quantensprung sehr schnell mit noch höherer Frequenz schwingen lassen. Auch wer sich gerade erst zu erforschen beginnt, erfährt einen Quantensprung, jedoch steht die Energieverstärkung stets in Relation zur energetischen Ausgangsbasis. Du bekommst nur, was Du auch tatsächlich aushalten kannst. Aber Reiki hält noch mehr für Dich bereit als den Quantensprung nach den Einstimmungen. Die Entwicklungsmöglichkeiten sind damit keineswegs ausgeschöpft. Vielmehr kannst Du Deine Schwingungsfrequenz weiter erhöhen, indem Du Dich selbst oder andere täglich oder wann immer machbar mit der Reiki-Kraft behandelst.

Die Einstimmungen zum Ersten Grad scheinen hauptsächlich auf die Öffnung des physischen Körpers ausgerichtet, so daß dieser größere Mengen von Reiki-Energie aufnehmen und weiterleiten kann. Zwar wirken die vier Einstimmungen des Ersten Grades auch auf den Äther- oder Energiekörper, aber scheinen sie auf dieser Eingangsstufe den größten Einfluß auf den grobstofflichen, physischen Körper auszuüben. Einmal in die Reiki-Kraft eingestimmt, wirst Du sie niemals wieder verlieren. Selbst wenn Du mehrere Jahre kein Reiki anwendest, wird es immer für Dich da sein; allerdings verstärkt jede Anwendung den Reiki-Kanal.

Die Einstimmung in den Zweiten Grad bewirkt einen weiteren »Quantensprung« der Schwingungsfrequenz. In ihrem Verlauf werden auch die drei mit dem Zweiten Grad gelehrten Symbole aktiviert, die dann bei der Fernheilung zur Anwendung kommen. Beim Zweiten Grad wirkt die Einstimmung sehr viel stärker auf den Äther- oder Energiekörper. Oft wird sehr viel Energie freigesetzt, denn der Energie-Körper schließt alle Chakras ein.

Viele spüren bald nach der Einstimmung in den Zweiten Grad und vor allem im Verlauf des 21 Tage währenden Reinigungsprozesses einen kräftigen Energieschub im Wurzel-Chakra, weil die Energiezentren des Lebenswillens und der Sexualität und andere zuvor blockierte Bereiche angeregt werden. Eines der wichtigsten Ergebnisse der Einstimmung in den Zweiten Grad ist die durch die Stimulierung des »Dritten Auges« oder *Ajna-Chakras* ausgelöste Steigerung der eigenen intuitiven Fähigkeiten. So gewann ich selbst bald nach meiner Einstimmung in den Zweiten Grad die Fähigkeit, den Ätherkörper unmittelbar wahrzunehmen. Über die Jahre konnte ich beobachten, daß jeder eine eigene besondere Begabung auf diesem Gebiet hat: einige neigen zum Hellsehen, andere sind hellhörig und wieder andere fühlen Dinge im voraus. Was auch immer die natürliche Begabung sein mag, sie nimmt nach dem Zweiten Grad zu. Mit weiterer Übung auf der Ebene des Zweiten Grades scheint das »Loslassen« sich zu vertiefen, begleitet von einem noch tieferen Gefühl des Friedens.

Welche inneren Welten ich auch zu erforschen wünsche
ganz gleich wie fein und ätherisch ich empfinde
wie weit durch Raum und Zeit ich zu heilen reise -
ICH BIN auf dem Weg ins Nirgendwo
und nichts kommt zu mir
nur still gewürdigt lebt EINHEIT

Narayan

Die Einstimmung in den Dritten Grad wird zur Meistereinweihung verwandt. Sie erhöht die Schwingungsfrequenz noch mehr und aktiviert das Meistersymbol, damit Du es einsetzen kannst, andere zu befähigen, *sich selbst* Kraft zu übertragen. Das ist ein wichtiger Punkt, denn Du sollst wissen, daß Du selbst darüber entscheidest, ob Du eine Einstimmung empfangen möchtest. Der Reiki-Meister oder die Reiki-Meisterin hat über Schülerinnen und Schüler keine Herrschergewalt. Ein Reiki-Meister oder eine Reiki-Meisterin ist schlicht ein Mensch, der sich für den nächsten Schritt der größeren Eigenverantwortung für das eigene Leben und damit für größere Meisterschaft entschieden hat. Er oder sie akzeptieren die Folgen selbsterschaffener Ursachen. Indem sie diese Verantwortung übernehmen, sind sie befähigt, anderen mit Hilfe spezifischer Prozesse beizustehen, sich selbst Kraft zuzuführen. Der Einstimmungsprozeß beim Reiki ist etwas ganz besonderes, denn er gibt Dir die Gelegenheit, mit Deinem wahren Wesen, mit Deiner Essenz Kontakt zu haben. Natürlich können wir ohnehin unsere Essenz spüren, aber zumeist nur in Momenten erhöhter Bewußtheit. Reiki kann Dir den nötigen Schub geben, jene Bewußtheit zu erfahren, und mit täglicher Eigenbehandlung nimmt diese Bewußtheit kontinuierlich zu.

Wir sollten beim Reiki jedoch unbedingt eines verstehen: es wird niemals geschickt oder gesendet, sondern immer durch den Reiki-Kanal eingezogen. Die Energie wird immer eingezogen, auch auf der Ebene des Zweiten Grades, der Dich befähigt, die Grenzen von Raum und Zeit energetisch zu überbrücken. Die Symbole sind Werkzeuge. Mit ihnen baust Du zum anderen eine »Brücke«, über die er oder sie die Energie dann einziehen kann. Aus diesem Grund kannst Du einem Menschen (auch Dir selbst) niemals »zuviel« Reiki geben. Nehmen wir an, ich lege meine Hände zu einer Behandlung auf Dich auf. Dann zieht Dein Körper ganz natürlich die Energiemenge ein, die er braucht, und obendrein zu den richtigen Stellen. Ich kann mich durch diesen Prozeß nicht erschöpfen, denn ich werde ja gleichzeitig selbst behandelt, indem ich Dich behandle. Die Energie tritt am Scheitel-Chakra in mich ein, strömt herab in mein Herz zu meinen Händen und dann in Deinen Körper. Da ich einen Teil der durch mich fließenden Energie absorbiere und mich bei der Behandlung eines anderen automatisch auch selbst behandle, kann ich mich bei diesem Prozeß unmöglich energetisch verausgaben. Auch übernimmt der Empfänger meiner Behandlung von mir weder negative Energie noch Energieblockaden, denn Reiki fließt ja ausschließlich durch den geläuterten Kanal, den die Einstimmungen in meinem Körper geöffnet haben.

Die Möglichkeit der Eigenbehandlung ist einer der größten Vorteile der Reiki-Kraft. Einmal eingestimmt, brauchst Du Dich selbst oder einen anderen nur behandeln zu *wollen*, und schon wird die Energie durch den Reiki-Kanal eingezogen. Die Eigenbehandlung löst wirkungsvoll Verspannungen und reduziert Streß. Sie verstärkt die Energie der Universalen Lebenskraft im Körper, und diese Verstärkung führt zu einem größeren Gleichgewicht im physischen Körper und in den feinstofflichen Körpern. Außerdem setzt die Eigenbehandlung unterdrückte Emotionen und Energieblockaden frei.

Jeder zieht grundsätzlich nur so viel Reiki ein, wie er oder sie braucht, um die Energie im physischen und in den feinstofflichen Körpern zu befreien, zu aktivieren oder zu transformieren. Reiki verändert nicht nur die chemische Zusammensetzung des Körpers, indem es Organe regeneriert oder Knochen und andere Gewebe wiederaufbaut, es verhilft auch zu psychischem Gleichgewicht. Wie von selbst fühlst Du Dich nach Reikibehandlungen harmonisch und ausgeglichen, ohne daß diese Gefühle den Wünschen des Behandelnden oder seinen Vorstellungen von einem bestimmten »Behandlungsziel« unterliegen. Jede Behandlung führt zu einem anderen Ergebnis, weil der *Behandelte* selbst der entscheidende Faktor ist und über das Ergebnis der Behandlung entscheidet.

Reiki ist keine Religion und kein Dogma. Es verbreitet weder Glaubensvorstellungen noch irgendwelche Lehren. Vielmehr ist es eine uralte Wissenschaft und Heilkunst, die viele Jahrtausende lang verborgen geblieben war, bis Dr. Usui sie wieder entdeckte. Da es auch kein Glaubenssystem ist, sind für eine Behandlung weder Vorbereitungen noch Anweisungen nötig. Notwendig ist einfach der schlichte Wunsch, die Energie zu empfangen und in sich aufzunehmen. Für den Behandelnden bedeutet die Freiheit der Reiki-Kraft von allen Glaubensvorstellungen *und* Ritualen, daß die Energie aktiviert wird, sobald er die klare Absicht zur Behandlung in sich weckt. Der Schlüssel ist die Offenheit des Empfängers, die Energie auch tatsächlich zu empfangen. Der Empfänger braucht deswegen nicht an Reiki zu »glauben«, er oder sie muß nur die Bereitschaft für einen ehrlichen Versuch mitbringen und vor allem auch die Bereitschaft, etwas in die eigene Heilung zu investieren. So ist es zum Beispiel absolut notwendig, daß der zu Behandelnde um eine Behandlung bittet. Keinesfalls darf man sie ihm aufdrängen. Die simple Tatsache eines Hilfegesuchs ist an sich schon Zeichen genug, daß der Empfänger die Hände ausstreckt und bereit ist zu empfangen. Im allgemeinen gehört auch ein Energieaustauch dazu und ist deswegen in Erwägung zu ziehen. Der Energieaustausch zeigt ebenfalls die Bereitschaft zur Eigenverantwortung für die eigene Gesundheit an. Indem der Empfänger etwas gibt, löst er sich überdies aus der durch die Behandlung entstandenen Verpflichtung. Am besten, Du ermutigst alle Deine Reiki-Klienten und -Klientinnen, einen Reiki-Kurs zu besuchen, denn danach kann dann jeder einzelne die volle Verantwortung für die eigene Gesundheit übernehmen.

Ein wichtiger Schlüssel zur Reiki-Kraft ist die Erkenntnis, daß Du für Dein Leben voll verantwortlich bist. Reiki ist mit dem Seminar zum Ersten oder Zweiten Grad keineswegs ausgeschöpft. Vielmehr ist danach jeder für sich verantwortlich und sollte sich kontinuierlich und regelmäßig selbst behandeln. Du bist Dein eigener Meister. Allein Du bestimmst über das Tempo Deiner Entwicklung und zwar durch die Intensität Deines Einsatzes für das eigene Selbst. Es lohnt sich, denn mit der allmählichen Aufdeckung jeder neuen Schicht der Bewußtheit wirst Du ein befreiendes Hochgefühl genießen.

Diese Ausführungen haben uns eine ganze Reihe der einmaligen Aspekte der Reiki-Kraft gezeigt. Wie andere Heilmethoden verhilft Reiki dem einzelnen zu Gleichgewicht und Harmonie in Körper, Psyche und GEIST. Reiki ist ein Geschenk, mit dem Du Dich selbst beschenkst: Mit jeder Anwendung zeigst Du Dich bereit, Dir vom wahren oder göttlichen Selbst Kraft übertragen zu lassen. Reiki befähigt Dich, Dein Haften und Deine Identifikationen nach und nach loszulassen und aus der Quelle Deines Seins zu leben. Da Du Dich nicht länger am Tun festklammerst, kannst Du einfach *sein.*

Kapitel 2

Reiki und Erfüllung

Wenn Reiki die Energie der Universalen Lebenskraft ist und Du und ich dieselbe Energie der Universalen Lebenskraft sind, ist es nur logisch, die Usui-Methode des natürlichen Heilens als einen mühelosen Prozeß zu verstehen, in dessen Verlauf wir uns selbst und anderen mehr von dem geben, was wir im Grunde bereits sind. Denk einmal ein wenig über diese Aussage nach. Sie hat eine tiefe Bedeutung. Sie verweist Dich auf die Wahrheit, die die geistigen Meister aller Zeiten verwirklicht haben: daß die kosmische Energie in jedem Menschen persönliche Gestalt annimmt.

In unserer Zeit wird dieses Wissen immer mehr zum Allgemeingut; es fließt in die Alltagskultur ein. Trotzdem haben es noch nicht viele Menschen wirklich verinnerlicht. Zwar akzeptiert so gut wie jeder die Vorstellung der Quantenphysik, daß alles Energie ist und daß es keine feste Materie gibt. Aber hat diese Einsicht sein Leben verändert? Die meisten würden das verneinen. Diese Vorstellung hat ihnen noch kein neues Auto in die Garage gestellt, keine neuen oder besseren Beziehungen beschert, sie nicht gesünder gemacht und sie auch nicht mit all den anderen Dingen beglückt, die sie sich wünschen. All dieses neue Wissen über Energie hat sich bis jetzt noch nicht wirklich durchgesetzt.

Die meisten Menschen haben immer noch nicht begriffen, daß Energie der für unser Leben wichtigste Rohstoff ist, und mit »Energie« spiele ich hier nicht auf das Benzin in Deinem Auto an oder auf Deine Stromrechnung. Vielmehr meine ich folgendes: Wenn wir, Du und ich, samt und sonders Energie sind und wenn weiterhin alle feste Materie ebenfalls Energie ist, folgt daraus, daß unser Auto, unser Haus, unser Geld, ja selbst unsere Liebesbeziehungen gleichermaßen Formen dieser Energie sind.

Mit unserer Ankunft auf diesem irdischen Spielplatz beschränkter Schwingungen haben wir uns bereits im Augenblick unserer Geburt für die Erfahrung der Beschränkung entschieden. Unsere Rolle ist uns vorgezeichnet. Was bleibt uns also noch außer dem Versuch der Transzendierung, indem wir alle die vielen Überzeugungen ausprobieren, die uns schnellstens wieder auf das »Startfeld« zurückbringen?

Das Leben ist wie ein großes Monopoly-Spiel, nur daß wir in seinem Verlauf weniger einen Haufen Dinge (obwohl auch das einen Großteil des Spiels ausmachen kann), sondern möglichst viele Erfahrungen sammeln, die uns lehren können, unser Energiefeld zu erweitern. Diese Erweiterung gibt uns die Kraft, das von den Beschränkungen der Materie hervorgerufene Gefühl des Getrenntseins zu durchbrechen und unseren wahren Zustand des Einsseins wiederzufinden. Wenn wir dabei nur mit Dingen und Menschen zu tun hätten, wäre das Spiel nicht so kompliziert. Verkompliziert wird es durch unser Haften an gerade den Überzeugungen und Urteilen, die wir ursprünglich nur ausprobieren sollten. Dieses Haften ist das größte Hindernis auf dem Weg zu unserer weiteren Entwicklung.

Die Überzeugungen und Urteile, an denen wir haften (und die ihrerseits ihre jeweils eigene Schwingungsfrequenz aufweisen), formen und filtern alle Gedanken, die den Hintergrund für unsere Alltagsexistenz abgeben. Positive Gedanken erfüllen unser Bewußtsein mit hoher Schwingungsenergie; sie helfen uns, so daß wir unsere Energie nach außen expandieren können, was für das »Spiel« lebenswichtig ist. Negative Gedanken oder Urteile schwingen nur beschränkt. Sie lassen uns energetisch schrumpfen und infolgedessen schrumpft auch unser Einflußbereich. Andere fühlen sich von dieser Energie abgestoßen, und wenn Du selbst gerade in einem »Abwärts-Zyklus« steckst, wirst Du Dich sehr schnell in der Gesellschaft von Menschen wiederfinden, die dieselbe beschränkte und »zähe« Energie ausstrahlen.

Dann bleibt Dir nichts anderes übrig, als Dich besonders anzustrengen, um aus dieser Abwärtsspirale herauszukommen.

Ein kurzer Überblick über die historische Entwicklung zeigt eine lange und traurige Geschichte nach der anderen von Machtkämpfen um Länder, religiöse Überzeugungen, Geld, Besitz, Liebesbeziehungen und so weiter. Alle diese Dinge sind im Gründe nur Energie und das Streben nach ihnen ein Wettbewerb um eben diese Energie. An einem bestimmten Punkt in der menschlichen Entwicklung haben die Mitspieler sich offenbar so sehr daran gewöhnt, auf diesem beschränkten Spielplatz irdischer Materie nur vom jeweils anderen Energie zu bekommen, daß sie schließlich selbst immer »beschränkter« wurden. Sobald sich dann einige energetisch derartig eingeschränkt hatten, daß sie die subtilere Energie nicht mehr direkt aus der QUELLE beziehen konnten (weil sie sich mit ihren negativen Überzeugungen oder Urteilen identifizierten), folgten bald alle Mitspieler ihrem Beispiel und nahmen immer mehr beschränkte Energie auf. Damit war die Idee des Mangels geboren.

Wir stecken schon ziemlich lange in diesem Zyklus falscher Abhängigkeit, lernen alle seine Arten kennen und spielen nach ihren Regeln. In diesem mühseligen und langen Zyklus haben die Menschen vergessen, *daß sie selbst jene Energie des Lebens sind,* der sie »außer sich« wie besessen in allen ihren äußeren Formen nachjagen. Jeder von uns hat Zugang zu so viel Energie, wie er nur haben will: Wir müssen zu diesem Zweck nur unsere Bewußtheit nach innen dem wahren SELBST zukehren, das uns allen gemeinsam ist, dann ist alles in einem einzigen Augenblick getan. Alles ist zugänglich, was auch immer wir uns vorstellen und noch vieles mehr. Es klingt so leicht, und genau das ist es auch. Wir können uns dies jedoch nicht einmal vorstellen, weil wir in einer Art Delirium versackt sind. Da wir uns mit dem Massenbewußtsein identifizieren, scheint uns diese Leichtigkeit ganz und gar unmöglich.

Die Mitspieler sind mittlerweile dermaßen mit den verschiedenen Gedanken identifiziert, die ihnen vorgeben, wer sie sind, welche viele verschiedene Dinge sie einfach »haben müssen« und was sie alles machen, tun und erreichen sollten, daß sie die wichtigste Tatsache aus den Augen verloren haben, daß nämlich ihre Gedanken *nicht* ihr Bewußtsein, *nicht* ihr wahres Wesen sind. Die Gedanken, die wir zu denken wählen oder von denen wir uns, besser gesagt, »hypnotisieren« lassen, prägen das Bewußtsein. Unser Bewußtsein paßt sich in seiner Form den Gedanken und Emotionen an, mit denen wir uns am meisten beschäftigen.

Bewußtsein ist sowohl Bewußtheit als auch das Verständnis aller Erfahrungen, die Du jemals gemacht hast. Bis Du Dich nach innen der Universalen Kraft zuwendest, die sich in Dir individualisiert, wirst Du vom Massenbewußtsein beeinflußt, für das C.G. Jung den Begriff des »kollektiven Unbewußten« (die Summe aller menschlichen Erfahrung) geprägt hat.

Für die meisten Menschen ist Bewußtsein jenes Medium, durch das die Kraft der Universalen Lebensenergie fließt, um in der Welt der Materie das exakte Spiegelbild der Gedanken oder Überzeugungen des einzelnen hervorzubringen. Auf dieser Entwicklungsstufe handeln die Menschen zum größten Teil wie Roboter und merken nicht im geringsten, daß sie absolut die »Kontrolle verloren« haben.

Dann erfahren sie die äußere Welt der Materie als exaktes Duplikat ihrer eigenen Überzeugungen, mit allen kulturspezifischen Weltanschauungen, die unbewußt übernommen wurden. Für die immer noch »Schlafenden« dient das Bewußtsein als das Gefäß, durch das die Schöpferische Energie in Form und Erfahrung einfließt. Unter solchen Bedingungen hat der Mensch dann das Gefühl, daß das Leben ihm alles mögliche »antut«, denn das Bewußtsein wirkt wie ein Effekt, der immer den gleichen Effekt produziert. Mit anderen Worten: Was Deine Seele sich wünscht, das ziehst Du in Deinem Leben wie magnetisch an.

Erst wenn Du später eine umfassendere Sicht gewinnst und Dein Haften an den verschiedenen Überzeugungen und Identifikationen losläßt, erlebst Du wahre Meisterschaft und fängst an, harmonisch mit der QUELLE oder wahrem SELBST zusammenzuarbeiten. Du fühlst Dich nicht länger getrennt oder mit der Welt im Kampf, sobald das in der Zweiheit von »Ich« und »Welt« befangene Bewußtsein seine Macht über Dich verliert. Reiki hat diesen Entwicklungsprozeß in mir sehr gefördert.

Wenn Reiki mehr von dem »Stoff« verwertet, aus dem ich gemacht bin, folgt daraus gewiß, daß sich mein Energiefeld mit der Zeit ausdehnt (je mehr ich mich selbst mit Reiki behandle). Da Bewußtsein in diesem Paket eingeschlossen ist, wird es ebenfalls erweitert und mich infolgedessen über die engen Grenzen meines gewöhnlichen Denkens hinaus zu einer entspannteren »all-sehenden« Bewußtheit führen. Mit der Erweiterung meiner Bewußtheit erweitert sich für mich der Bereich des Möglichen in der äußeren Welt. Ich entwickle allmählich einen größeren Einflußbereich, und schließlich fließt mir ganz natürlich eine Fülle jener Dinge zu, für die ich nun offen bin.

Von Händen aus Licht gewirkt
doch ohne Gestalt
durchströmt mich Ekstase
und schließt die innere Schatztruhe auf
jetzt
da alle meine Zellen
im Wasser des Lebens baden

Narayan

Reiki ist eines der kraftvollsten und zugleich einfachsten heute verfügbaren Werkzeuge und kann jedem helfen, sich in allen Lebensbereichen größeren Möglichkeiten zu öffnen. Für seine optimale Nutzung mußt Du Dich zuerst öffnen, so daß Du den Strom der Fülle an Energie der Universalen Lebenskraft auch wirklich empfangen kannst.

Die Geschichte von Dr. Mikao Usuis Erfahrung im Bettlerviertel von Kioto veranschaulicht die Notwendigkeit der Öffnung für die uns verfügbare unvorstellbare Fülle und sie zeigt zugleich, daß wir dem Kosmos in irgendeiner Form zurückgeben müssen, was wir empfangen haben. Nach sieben Jahren mit den Bettlern erkannte Dr. Usui die Bedeutung des Energieaustausches, der sich am besten als ausgeglichener Fluß von Geben und Nehmen beschreiben läßt. Nachdem Dr. Usui die Kraftübertragung zu den von ihm lang ersehnten Wunderheilungen erhalten hatte, beschloß er aus christlicher Nächstenliebe ins Bettlerviertel zu ziehen und den Armen zu dienen. Er wollte den kraftvollen Kanal der Energie der Lebenskraft dazu benutzen, aus den Bettlern verantwortungsbewußte Bürger zu machen, die einer regelmäßigen Arbeit nachgehen und für sich selbst sorgen können. Sieben Jahre später entdeckte er dann, daß viele nach einer kurzen Kostprobe vom Leben in der Welt wieder ins Bettlerviertel zurückkehrten, weil sie nicht Verantwortung für sich selbst übernehmen wollten.

Mit anderen Worten, seine Arbeit wurde nicht wirklich anerkannt, denn es fehlte die Offenheit zu empfangen, was er zu bieten hatte. Indem er Heilungen einfach »verschenkte«, hatte er in vielen Bettlern die Bettlermentalität noch zusätzlich verstärkt. Es dämmerte ihm, daß die Menschen für das Empfangene etwas zurückgeben müssen. Die Menschen müssen in ihre Heilung oder ihr geistiges Wachstum etwas investieren.

Darüber hinaus erkannte Dr. Usui seine missionarische Besessenheit der »Menschenverbesserung« als die Wurzel seiner Enttäuschung über sein Versagen, die Bettler zu einem ordentlichen und verantwortungsbewußten Leben zu bekehren. Es wurde ihm klar, daß er sich in einen gewaltigen »Ego-Trip« verstiegen hatte, denn er hatte für andere entscheiden wollen, was für sie gut und richtig ist. Es dämmerte ihm außerdem, daß nicht seine Heilkraft an sich der Grund für den großen Erfolg der Heilungen Christi war, sondern die Tatsache, daß Jesus nicht an den Ergebnissen seiner Heilungen haftete. Dr. Usui erinnerte sich schließlich, daß Jesus für seine Heilungen keinerlei Verdienst reklamierte, sondern gesagt hatte: »Durch Deinen Glauben bist Du geheilt.«

Am Ende sah Dr. Usui ein, daß nur ein Faktor die Ergebnisse festlegt: die Bereitschaft des anderen, die Energie wirklich aufzunehmen. Seine eigene Gabe als außerordentlich befähigter Kanal für die Energie der Lebenskraft hatte darauf hingegen keinen Einfluß. Indem er an den Ergebnissen seiner Heilungen haftete, hatte er im anderen außerdem Widerstand gegen den vollen Nutzen seines Beistands geweckt. Wahrscheinlich war sein egofixiertes Haften an bestimmten Ergebnissen der Grund, der in den anderen die Fähigkeit offener Empfangsbereitschaft blokkiert hatte.

Es war ihm nun klar, daß das Ergebnis der Heilung von der (bewußten und unbewußten) Bereitschaft des zu Heilenden abhängt, tatsächlich eine Behandlung zu empfangen. Mit anderen Worten: er muß bereit sein, Energie einzuziehen.

Dr. Usui hatte also zwei wichtige Faktoren entdeckt. Erstens: Wer Heilung empfangen will, muß um Heilung bitten (es ist nicht Aufgabe einer Heilerin oder eines Heilers, Hilfe aufzudrängen, wo sie nicht erwünscht ist). Zweitens: Die Heilerin oder der Heiler muß für seine Zeit durch einen Energieaustausch entschädigt werden (es ist nicht richtig, sich andere für geleistete Dienste zu verpflichten; vielmehr befreit sich der Empfänger der Heilung von jeder Verpflichtung, indem er in der einen oder anderen Form etwas von seiner Energie gibt).

Nach etwa sieben Jahren verließ Dr. Usui das Bettlerviertel. Er erforschte sich selbst, und während er über sein weiteres Vorgehen meditierte, gewann er neue Einsichten in die Symbole, die er sieben Jahre vorher im Verlauf der mächtigen Vision empfangen hatte, welche sein Leben grundlegend veränderte. Er erkannte, auf welche Weise er die Symbole einsetzen konnte, um anderen, die für die Energie aufnahmebereit waren, zu helfen, sich selbst Kraft zu übertragen. Dr. Usui entwickelte einen Weg, die Menschheit in Reiki einzuweihen und auf die Reiki-Kraft einzustimmen, so daß der einzelne bestimmen kann, wie er sie für sich einsetzen und mit anderen teilen möchte. Von diesem Zeitpunkt an arbeitete er nur noch mit Menschen, die bereit waren, ihr Leben eigenverantwortlich zu gestalten. Während er zuvor versucht hatte, »für andere alles Menschenmögliche zu tun«, lehrte er jetzt die Bedeutung der Eigenverantwortung und vor allem die Einstellung der Dankbarkeit. Er setzte die Symbole, die er sieben Jahre vorher in seiner Vision gesehen hatte, dazu ein, andere auf die Reiki-Kraft einzustimmen, so daß sie die Verantwortung für ihr eigenes Wohlergehen übernehmen konnten. Indem er ihnen bei der Energieverstärkung half, konnten sie einen großen Schritt zur Meisterung des kleinen »Selbst« oder »Ich« machen und infolgedessen mehr mit wahrem SELBST übereinstimmen, das uns allen gemeinsam ist.

Zuvor hatte Dr. Usui das Schwergewicht auf die Heilung des physischen Körpers gelegt. Jetzt wußte er, daß die Heilung des GEISTES genauso wichtig war, ja sogar noch wichtiger, weil jeder Wirklichkeitsverlust des Geistes die eigentliche Wurzel aller physischen Probleme ist. Falsches »Selbst«-Verständnis macht krank. Die schmerzhafte Trennung, die die meisten Menschen energetisch aufgrund ihrer Überzeugung erfahren, daß sie für sich allein existieren und nicht Teil des Ganzen sind, manifestiert sich in vielen verschiedenen Formen. Ich begehe den tödlichen Fehler der vollkommenen Identifikation mit meinem »Ich«, das vom

Ganzen abgeschnitten ist, getrennt von jenem unendlichen Ozean universalen GEISTES, von dem ICH sehr wohl ein Teil bin, wenn ich mich von meiner Frau, meinem Mann, meiner Familie, meinen Kindern, Freunden, Kolleginnen und Kollegen getrennt fühle, wann immer ich wütend bin und das Gefühl habe, daß eine Situation meiner Kontrolle entgleitet oder wenn ich mir über irgend etwas Sorgen mache.

Wer niemals das tiefe Gefühl des Einsseins empfunden hat, dem wird dies sehr abstrakt vorkommen. Ja, es ist sogar ganz unmöglich, solches Einssein zu erfahren, solange Du noch »aus dem Kopf lebst«, weil sich der Geist dann absolut mit dem »Ich« identifiziert, das als Ego und nicht als wahres Selbst erscheint. Dieses »Ich« hält in Zusammenwirkung mit den materiebedingten Beschränkungen des physischen Körpers permanent das Gefühl des Getrenntseins aufrecht. Der »Ich«-Gedanke beherrscht und interpretiert unsere Sinneserfahrung in einer Weise, die das Gefühl der Trennung von wahrem Selbst noch weiter verstärkt.

Wem es schwerfällt, den Geist zur Ruhe kommen und die Kopfgedanken hinter sich zu lassen, findet in Reiki ein kraftvolles Werkzeug des Loslassens und der Entspannung. Da es psychisch beruhigt, verschwinden mit Reiki physische Beschwerden und Symptome, während die Energie mehr und mehr zu ihrem eigenen Gleichgewicht findet. Viele Menschen schlafen bei jeder weiteren Behandlung sehr schnell ein, nachdem sie mehrfach Reiki empfangen haben. Das ist ein sehr gutes Zeichen, denn schließlich verschwindet der »Ich«-Gedanke nur im Schlaf, so daß in diesem Zustand selbst der gewöhnliche Mensch unmittelbar mit wahrem Selbst in Berührung kommt. Außerdem heilt im Schlaf der Körper sehr viel besser, denn er muß sich nicht mit den eigenwilligen Gedanken und reaktiven Emotionen auseinandersetzen, die mit dem »Ich«-Gedanken einhergehen.

Wir können uns nach innen wahrem Selbst zuwenden, wenn wir unsere Gesundheit wahren und den Fluß der Fülle in unserem Leben aufrechterhalten wollen. Wir können das verunsichernde Gefühl des Getrenntseins transzendieren und erkennen. daß das »Ich« nicht ein Ding ist, das wir bekämpfen, ausmerzen oder auflösen müssen, sondern vielmehr ein vom Geist geschaffenes Werkzeug, das uns hilft, in der Welt zu funktionieren. Das »Ich« ist eine täuschende Schöpfung des Geistes, und als solche existiert es nicht einmal. Wenn wir unsere Zeit damit verschwenden, es zu bekämpfen oder ihm Widerstand entgegenzusetzen, lassen wir es nur »fester« oder wirklicher erscheinen, denn jeder Widerstand führt ihm zusätzliche Energie oder Kraft zu.

Indem wir bewußt wahrnehmen, daß wir nicht »Ich«, sondern Teil von etwas viel Größerem sind, und uns stattdessen wahrem SELBST öffnen, der QUELLE von allem, das wir sind, haben wir eine Chance, jene Vereinigung zu erfahren, die wir uns so sehnlichst wünschen. Reiki unterstützt diesen Prozeß, denn Geist und »Ich« können es nicht beeinflussen. Als eine von Natur aus »intelligente« Energie fließt Reiki dahin, wo immer es gerade gebraucht wird, um im Körper und GEIST Gleichgewicht zu schaffen.

Je häufiger wir Reiki anwenden, desto kräftiger wird unser Kanal für den Fluß der Energie der Universalen Lebenskraft. Mit ihrem Fluß beseitigt die Energie jene Blockaden, die andernfalls Krankheit verursachen oder uns davon abhalten könnten, die uns eigene Fülle auch wirklich zu empfangen. Reiki verstärkt unsere schöpferische Energie, und da Geld ein Symbol für unsere schöpferische Energie in der äußeren Welt ist, dürfen wir annehmen, daß Reiki auch den Fluß des inneren und äußeren Reichtums verstärkt.

Eine meiner ersten Behandlungen, die ich bald nach dem Empfang meines Ersten Grades gab, veranschaulicht wunderbar die durch Reiki erweckte Steigerung schöpferischer Energie. Ich behandelte damals eine befreundete Künstlerin in Kalifornien, die unter Depressionen litt, weil sie seit Monaten nicht mehr von frischen, neuen Ideen inspiriert worden war. Am Tag nach der Behandlung rief sie mich ganz begeistert an und wollte wissen, was für eine »Energiearbeit« ich in Ergänzung meiner gewöhnlichen Massage verwandt hatte. Sie berichtete, daß sie nach der Behandlung vollkommen entspannt nach Hause gekommen war und ein bißchen geschlafen hatte. Dann war sie aufgewacht und hatte einen neuen Entwurf begonnen und vollendet. Besser noch, sie war die ganze Nacht aufgeblieben und hatte bereits mindestens ein Drittel der Leinwand gefüllt. Sie wollte enthusiastisch einige weitere Behandlungstermine haben, als ich ihr erklärte, daß diese Energiearbeit Reiki heißt, eine uralte Heilkunst, die darauf angelegt ist, Blockaden aufzulösen und Körper, Psyche und GEIST auszugleichen. Später nahm sie dann an einem Reiki-Kurs teil und wurde eine glühende Reiki-Verfechterin in der Künstlergemeinde. Seitdem habe ich bei befreundeten Künstlern auf der ganzen Welt viele ähnliche Reaktionen festgestellt.

Ich erzähle dieses Beispiel häufig in meinen Kursen zum Ersten Grad, um herauszustellen, daß Reiki für sehr viel mehr gut ist als für die Linderung physischer Schmerzen und Symptome. Es ist ein Werkzeug, das Dir hilft, Dich in allen Lebensbereichen zu öffnen. Es führt Deiner Kreativität neue Energie zu und hilft Dir, alle Hindernisse auszuräumen, die Dich davon abhalten, Fülle zu empfangen und zu schenken.

Physische Heilung und körperliche und psychische Gesundheit sind Nebeneffekte von Reiki. Sie stellen sich ein, weil die Reiki-Energie dank ihrer sanften, aber dauerhaften Wirkung auf das Bewußtsein Blockaden in der Bewußtheit zum Schmelzen bringt.

Eine andere wichtige Geschichte zum Thema Reiki und Bewußtsein der Fülle finden wir in Fran Browns und Helen Haberlys Berichten über das Leben von Hawayo Takata. Frau Takata war Amerikanerin japanischer Abstammung und brachte Reiki in den Dreißiger Jahren in den Westen. Ihr Lehrer, Dr. Chujiro Hayashi war Dr. Usuis Nachfolger. Während Dr. Usui nach seinem Auszug aus dem Bettlerviertel von Kioto ein Nomadenleben geführt hatte und durch ganz Japan reiste, um Reiki zu lehren, zentralisierte Dr. Hayashi Reiki, indem er beschloß, in Tokio eine Reiki-Klinik zu eröffnen. Dort erhielt Hawayo Takata während eines Besuchs aus Amerika ihre Behandlungen. Nachdem sie nach dreimonatiger Behandlung auf wunderbare Weise geheilt war, war sie entschlossen, diese kraftvolle Heilkunst selbst zu erlernen. Hayashi reagierte zuerst sehr verschlossen auf die Idee, diese Heilmethode an eine »Gajin«-Ausländerin weiterzugeben. Glücklicherweise hatte Frau Takata einen einflußreichen Freund und war infolgedessen in der Lage, Hayashi von der Notwendigkeit ihrer Ausbildung zu überzeugen. In ihrer langen Lehrzeit widmete sie sich Reiki voll und ganz und war schließlich für die Rückkehr nach Hawaii bereit.

Bevor sie Japan verließ, mußte sie Hayashi jedoch noch eine letzte Frage stellen, mit der sie sich lange herumgeschlagen hatte. Während ihres Jahres an der Reiki-Klinik und bei den Hausbesuchen mit Dr. Hayashi war sie nie mit armen Leuten in Berührung gekommen; nicht einmal mit einfachen Arbeitern oder Tagelöhnern. Sie fragte sich, ob Hayashi es vielleicht ablehnte, diese Menschen zu behandeln. Er lachte, antwortete jedoch mit einem verstehenden Blick, daß sie eine sehr gute Frage gestellt hatte. Er erklärte, daß sich tatsächlich fast ausschließlich Leute aus der Oberschicht und aus dem Adel zu ihm hingezogen fühlten, Menschen also, die über eine gewisse Intelligenz, Ausbildung und in den meisten Fällen auch über gediegenen Wohlstand verfügten. Sie konnten sich die besten Ärzte und Krankenhäuser leisten. Da sie erfahren hatten, was das bringt, wollten sie jedoch mehr als chirurgische Eingriffe und Medikamente. Sie selbst hatten Reiki-Bewußtsein, also fühlten sie sich zu ihm hingezogen. Ohne Zugang zu dieser Fülle oder diesem besonderen Wissen teilen die Menschen nicht dasselbe gemeinsame Verständnis. Im Krankheitsfall brauchen sie Krankenhäuser, Ärzte, Krankenschwestern und

Medikamente. Sie suchen Erlösung in der äußeren Welt der Wirkung. Wenn gerufen, sagte Hayashi, würde er hingehen, ganz gleich wie arm der Patient oder die Patientin wäre. Da die Armen jedoch andere Überzeugungen hätten als er selbst, wäre es wenig wahrscheinlich, daß sie ihn und seine Behandlung ohne Medikamente akzeptieren würden. Er deutete an, daß Takata als voll qualifizierte Heilerin später dieselbe Erfahrung machen würde.

Was Hayashi in den Dreißiger Jahren Takata anvertraute, ist heute so wahr wie damals. In der großen Mehrheit suchen die Menschen auch in unserer Zeit eine schnelle Linderung ihres Leidens in der äußeren Welt der Wirkung. Obwohl Reiki jetzt viel leichter zu finden ist als vor fünfzig Jahren, kommen auch heute noch viele Leute mit derselben Einstellung zu einem Reiki-Kurs, mit der sie zum Arzt gehen. Reiki, so hoffen sie, wird sie nach nur einer Behandlung auf der Stelle heilen wie eine Wunderpille. Ich habe zwar über die Jahre meinen Teil an Wunderheilungen miterlebt, aber sie bleiben trotzdem selten. Im allgemeinen vergehen mehrere Tage oder gar Wochen, bevor der verursachende Faktor beseitigt wurde und die Heilung abgeschlossen ist. Es kommt nicht so oft vor, daß Giftstoffe über Nacht verschwinden, die sich im Laufe vieler Jahre im Körper angesammelt haben.

Immerhin hat sich seit Hayashis Tagen und besonders nach dem Zweiten Weltkrieg einiges geändert, vor allem das Bildungsniveau der Massen, zumindest bei uns im Westen. Wohlstand ist seit den 50iger, 60iger und 70iger Jahren breiter gestreut, und mehr Menschen verfügen über mehr Freizeit, nicht nur für äußere Zerstreuung, sondern auch für die innere Suche nach seelischer Nahrung.

Reiki hat sich in den letzten zehn Jahren zu einem weltumspannenden Phänomen entwickelt. Während wir uns im beschleunigten Rhythmus des Wachstums unserer Zeit auf das 21. Jahrhundert zubewegen, ist die Energie der Universalen Lebenskraft lebensnotwendig geworden. Sie ist so notwendig wie Nahrung und Wasser, wie die Luft, die wir atmen. Wir können uns nicht länger leisten, im Bewußtsein des Mangels zu verharren, miteinander im Kampf um unser »Stück vom Wohlstandskuchen« oder im Wettbewerb um Energie, der in kriegerischen Auseinandersetzungen um Land, religiöse Überzeugungen oder Reichtum zum Ausdruck kommt. Diese Energie ist immer für uns da, wir haben leider nur den Zugang zu ihr vergessen.

Die Ausübung der Usui-Methode der natürlichen Heilung verhilft uns wieder zu jenem Zugang, so daß wir nicht länger Mangel erleiden müssen. Reiki-Bewußtsein ist das Bewußtsein der Fülle. Wie Takatas Enkelin Phyllis Furumoto so schön sagt: »Mit Reiki bekommst Du Dein Erinnerungsvermögen zurück und die Dir angeborene Kraft wird zum Leben erweckt.« In diesem Zustand der Ganzheit und des Gleichgewichts ist alles möglich. Fülle wird zu einem ganz normalen Lebensstil.

Scheinbar
seit Weltzeitaltern getrennt
erinnere ich mich doch an DICH
Kraft, die ich vergesse und doch immer BIN
und im Moment des Wiedererkennens
BIN ICH *erwacht*
zum SEIN *ungeteilt*

Narayan

Kapitel 3

Reise in die Erfüllung

Das »Erfolgs«-Modell

Wie viele andere Frauen aus meiner Generation, die sich in den »befreiten« siebziger Jahren für eine Karriere entschieden, bin ich mein Leben zunächst mit einer recht maskulinen Einstellung angegangen. Allem Anschein nach hatten unsere Mütter nicht halb so viel Spaß wie unsere Väter und deswegen entschieden wir uns folgerichtig für das Lebensmodell, das uns an unser gewünschtes Ziel führen würde. Gleich anderen jungen Frauen jener Jahre orientierte ich mich also am erfolgreichen männlichen Modell, um aus den Mustern zu vieler Generationen von unterdrückten Frauen auszubrechen. Auf den Punkt gebracht bedeutet der *Yang-* oder männliche Weg: Du weißt genau, was Du willst und was nötig ist, um es zu bekommen; dann packst Du es an – und genau das haben wir Frauen meiner Generation mit großer Begeisterung getan.

Viele Frauen entdeckten damals ihren *Animus*, ihren männlichen Aspekt, und siehe da, er war voll entwickelt. Sie kamen ebenso gut oder sogar besser voran als ihre männlichen Kollegen. Endlich hatten auch Frauen die Chance, ihre männliche Seite zu erfahren. Im Verlauf dieses Prozesses mußten wir dann aber feststellen, daß das Gras auf der anderen Seite des Zauns nicht immer grüner ist. Wir fanden heraus, wie viel Kampf und Krampf der männliche oder *Yang*-Ansatz mit sich bringt. Wenn Du fortwährend darauf fixiert bist, von außen etwas für das eigene kleine »Selbst« zu »bekommen« oder zu erwerben, verstärkt dies automatisch die Vorstellung der Dualität, und Du fühlst Dich zunehmend vom Ganzen abgeschnitten. Der maskuline Ansatz will sich draußen in der Welt Befriedigung verschaffen. Unter seinem Einfluß willst Du möglichst viel besitzen, und da in der Geschichte das Überleben häufig von ausreichenden Vorräten abhing, kann man natürlich sehr leicht der Täuschung unterliegen, daß die Anhäufung materieller Güter Erfüllung schenken wird.

Erfolg setzt Wissen voraus. Aber auch Wissen ist auf *Yang*-Weise zu erwerben. Von Descartes bis in die jüngste Vergangenheit hat man auf die eher feminine, intuitive Seite des Wissens keinen großen Wert gelegt. In der alten, von Männern beherrschten Welt dominieren Ratio und Logik. Die Evolution zu einem Gleichgewicht zwischen männlichen und weiblichen Qualitäten hat erst in unseren Tagen begonnen.

Die Devise lautete bisher: mißtraue weiblicher Intuition. Aber dieses Mißtrauen macht alles furchtbar anstrengend, denn Du willst dann alles auf dem harten Weg begreifen, obwohl Du Dich im Grunde nur auf die richtige Antwort in Dir selbst einzustimmen brauchst. Murphys Gesetz veranschaulicht den Kampf, der der rein männlichen Mentalität innewohnt: »Was schiefgehen kann, wird auch schiefgehen.« Unter derartigen Voraussetzungen entwickelst Du kein tieferes Vertrauen, weder in den Kosmos noch in Dein eigenes inneres Wissen. Ganz im Gegenteil, Du entscheidest viel zu häufig auf der Grundlage von Ratschlägen, die von »außen« von sogenannten »Experten« kommen. Du läßt Dich beschwatzen und paßt Dich an – von Familie, Freunden, Mitarbeitern und der Gesellschaft überzeugt, die alle das größte Interesse daran haben, daß Du brav auf Deinem Platz bleibst.

Erwiesen ist: das gegenwärtige und im Schwinden begriffene »Erfolgs«-Modell entfremdet Dich Deiner eigenen QUELLE, denn es verweigert Dir die allumfassende Fülle, die Dir jeden Augenblick gehören kann. Wenn Du Dich hingegen für die Erfüllung entscheidest und Dich ihrem Fluß öffnest, fliegt Dir der Erfolg wie von selbst zu. Du hast es geschafft, Verstand und Intuition und männliches beherztes Streben mit weiblicher Intuition zu vereinen.

Der Kampf ums Geld

Das alte »Erfolgs«-Modell legt großen Wert auf die Anhäufung von Kapital und Besitz, und häufig macht ihr Erwerb absolut keinen Spaß. Mit seiner impliziten Grundeinstellung bist Du zum Kämpfen verdammt, denn Du beginnst zu glauben, daß Geld an sich wichtig ist. Du verfällst unbewußt dem Irrtum, Geld sei gleich Wert und vergißt darüber die Tatsache, *daß Geld nur eine Wirkung ist.* Das wahre oder Kern-SELBST hingegen ist die *eigentliche* QUELLE der Fülle, die zu genießen Du geboren wurdest. Geld ist ein Symbol für den Energieaustausch und als solches ohne eigenen Wert. Stattdessen ist der Preis oder Wert aller Dinge (einschließlich Deiner Arbeit) eine rein emotionale Entscheidung. Je mehr Du Dich von Deinen emotionalen Bindungen zum Geld befreist, desto leichter kommst Du zu Geld.

Wir sind so gut wie alle mit den verschiedensten negativen Urteilen über Geld aufgewachsen: »Der Existenzkampf ist hart.«; »Das Leben ist kein Zuckerschlecken.«; »Wenn Du zu Geld kommen willst, mußt Du hart arbeiten.«; »Wenn ich nur das nötige Geld hätte, könnte ich tun und lassen, was mir gefällt.«; »Geld ist die Wurzel allen Übels.«; »Auf ehrliche Weise wirst Du nicht reich.«; und so weiter. Diese und ähnliche Aussagen sind tief in unser Unbewußtes eingegraben, und unser konditioniertes kleines »Ich« nimmt sie absolut ernst, denn seine Aufgabe ist es ja, unser Überleben in der Welt sicherzustellen. Wenn Du allerdings glaubst, daß Du hart für das zu Deinem Überleben nötige Geld arbeiten mußt, darfst Du davon ausgehen, daß das kleine »Ich« Dich genau dazu verurteilt. Denkst Du andererseits zuviel darüber nach, was andere wohl über Dich denken mögen, und brauchst ihre Bestätigung, wirst Du Dich wahrscheinlich schlecht fühlen, wenn Du »zu viel« oder mehr Geld verdienst als andere in Deinem unmittelbaren Familien- und Freundeskreis.

Du siehst also, was für ein großes Hindernis das kleine »Ich«

für jeden Plan zu einem rundum erfüllten Leben darstellt. Selbst wenn Du im Geld schwimmst, hast Du wahrscheinlich Angst davor, alles zu verlieren. Du wirst Ängste ausstehen, so lange Du Dich mit dem »Ich« und seinen »Schwarzweißmalereien« oder polarisierenden Vorstellungen über das liebe Geld identifizierst; selbst dann, wenn Du dieses Gefühl zu verleugnen oder zu ignorieren versuchst. Das »Ich« ist immer auf Deine Sicherheit bedacht. Bis Du jedoch mit dem Kern-SELBST in Berührung kommst und mit der wahren QUELLE Deines Reichtums vertraut wirst, bist Du zu einem Leben in Unsicherheit verdammt.

Ein erfülltes Leben verlangt, daß Du Dich von beiden Extremen verabschiedst. Auf der maskulinen Seite konzentriert sich alles auf den Wettbewerb, ganz gleich ob im Geschäft, bei der Jagd nach Rohstoffen oder nach Anerkennung. Jeder Wettbewerb impliziert, daß etwas fehlt, daß nicht genug für alle da ist: zu wenig Kunden, zu wenig Kapital, zu wenig Liebe. In Wahrheit gibt es jedoch immer von allem genug. Selbst wenn viele andere Firmen ähnliche Dienstleistungen oder Produkte anbieten wie Du, kannst Du Deine eigene Firma mit ein paar guten Einfällen aus der Masse herausheben und mit Deiner persönlichen Energie erfüllen und damit einen niemals abreißenden Strom an Kunden anziehen.

Auf der Ebene der physischen Wirklichkeit gibt es keine Sicherheit, denn der Körper ist ein zerbrechliches Ding. Deswegen ist es total verrückt, kostbare Stunden des eigenen Lebens an die Wahrung des Scheins zu verschwenden. Allein Vertrauen in wahres Selbst schenkt jemals wahren Frieden, denn wahres Selbst stirbt keinen physischen Tod. Betrachte einmal die Natur auf ihre Schätze hin und Du wirst feststellen, daß es genug Nahrung und Geld für alle gibt. Im Grunde sind wir alle reich (nur mit der Verteilung hapert es noch). Und was die Liebe angeht: Sie ist kosmische Energie. Anstatt der Liebe draußen in der Welt nachzujagen, sollten wir uns besser der Tatsache öffnen, daß wir bereits über einen direkten Draht zu grenzenloser Liebe verfügen. Wir finden Zugang zu diesen unbegrenzten Liebesreserven, indem wir uns auf das wahre oder Kern-Selbst einstimmen, das uns allen gemeinsam ist. Nur wenn wir ganz »außer uns« nach Liebe suchen, scheint es nicht genug Liebe zu geben. Natürlich stimmt es, daß andere für uns Liebe reflektieren, und wir brauchen ihre Liebe, um uns gestärkt zu fühlen. In Wahrheit reagieren sie jedoch nur auf dieselbe Liebe, die aus derselben Quelle bereits durch uns hindurchströmt. Einstimmung auf wahre Fülle ist so einfach: Laß los und laß Liebe hindurch, alles zu lieben.

Der weibliche Ansatz zur Erfüllung auf der anderen Seite besteht darin, zu erkennen, was schon immer da ist, und dafür durchlässig zu sein – es durch das eigene SEIN fließen zu lassen. Nichts ist da, dem man noch nachjagen oder um das man kämpfen müßte. Ganz gleich, ob Du eine Frau oder ein Mann bist, gehört ein simpler Trick zu dieser sehr weiblichen Fähigkeit, Erfüllung anzuziehen und zu genießen: die Fähigkeit, Liebe zu empfangen.

»Ich« atmet Luft
in Überfluß verschenkt
Lebenskraft läßt mein Herz schlagen
Moment für Moment erneuert
Wahrheiten ungezählt erscheinen
im fortwährenden Strom des Erkennens
»Ich« gibt auf
und folgt
der Einladung der Liebe
zum ICH BIN
grenzenloses Leben

Narayan

Die meisten hungern nach Liebe, denn wir Menschen haben die dumme Angewohnheit, Widerstände aufzubauen gegen das, was wir am meisten brauchen. Unser Widerstand gegen die Liebe ist groß, weil wir unser Herz öffnen müssen, wenn wir Liebe empfangen wollen. Aber empfangen können wir nur, wenn wir offen und verletzlich sind. Leider bedrohen Offenheit und Verletzlichkeit den vom »Ich« errichteten Schutzwall. Die aus dem Abblocken des natürlichen Fließens der Liebe resultierende besitzergreifende Bedürftigkeit schiebt dann die Liebe nur weiter von uns fort. Das Ergebnis ist ein noch tieferes Gefühl des Getrenntseins, das uns dazu verführt, den Schutzwall gegen unsere eigene Verletzlichkeit zu verstärken, was wiederum unsere Bedürftigkeit erhöht.

Wenn Du dieses allzu verbreitete Muster durchbrechen willst, mußt Du zu Beginn wahrscheinlich großen Mut aufbringen. An einem bestimmten Punkt bleibt uns nichts anderes übrig, als durch unsere Ängste hindurchzugehen und einen neuen Anfang zu machen, indem wir das seit langem verschüttete Vertrauen in den Kosmos wiederbeleben. Was auch immer wir brauchen, es ist bereits in uns angelegt und wartet nur auf einen Wandel unserer Bewußtheit zu freiem Fluß. Zu diesem Zweck brauchen wir nicht mehr zu tun, als alle Versuche des »Ich« zur Wahrung der »Kontrolle« zu unterbinden. Stattdessen wenden wir uns an das Kern-Selbst – unsere eigene innere Kraft des Wissens und überschäumender Energie.

Erfüllung durch Gleichgewicht

Voraussetzung für ein Leben aus dem Kern-Selbst ist ein harmonisches Gleichgewicht zwischen den männlichen und weiblichen Energien in uns. Wie wir bereits gesehen haben, beherrscht der männliche Aspekt und seine rationale, aktive, aggressive

Macht des Verstandes heute den Westen, ja die ganze Welt. Wir können dieser Tendenz nun etwas entgegensetzen, indem wir beginnen, unsere eher weiblichen Qualitäten der Intuition und größeren Sensibilität und Bewußtheit zu entwickeln. Die eher empfänglichen Qualitäten des Weiblichen verschieben unseren Blickwinkel vom Tun zum SEIN.

Am Ende brauchen wir ein Gleichgewicht zwischen beiden. Die Mehrheit der Männer und Karrierefrauen, die ihre weiblichen Bedürfnisse zugunsten männlicher Funktionstüchtigkeit vernachlässigt haben, werden sich bisher ungeahnte Erfüllung erschließen, wenn sie lernen, alle notwendigen Aufgaben im Leben aus einem eher stillen, weiblichen Seinszustand zu erledigen.

Ganz anders die Situation für Frauen, die entsprechend einem traditionellen weiblichen Selbstverständnis gelebt, gleichzeitig jedoch an die »Überlegenheit« des männlichen Modells geglaubt haben: sie müssen sich nun nach außen orientieren, ihre Wünsche aktiv verwirklichen und aus ihrer männlichen Energie schöpfen. Sie gleichen in dieser Hinsicht dem Orient, wo der weibliche Aspekt und die intuitiven, empfänglichen und mitfühlenden Kräfte der Psyche überwiegen. Auch die östlichen Kulturen müssen jetzt eine aktivere, »tätige« Rolle in der Welt übernehmen. Die Zukunft des Planeten hängt von der Vermählung beider Seiten der Psyche ab: Bewußtes und Unbewußtes, Ratio und Intuition, aktive und passive Qualitäten sind zu vereinen.

Wenn wir über den Erfolg hinausgehen und Selbsterfüllung erfahren wollen, können wir männliches Tun und weibliches Sein miteinander verbinden. Gemeinsam schenken sie uns einen Zustand des Einsseins, in dem sich Fülle und SELBST-Erfülltsein in natürlicher Ordnung entfalten.

Die Einstellung der Dankbarkeit

Die Einstellung der Dankbarkeit ist der einfachste und überzeugendste Weg zu einem Bewußtsein der Fülle. Als einer der fünf Reiki-Grundsätze war sie auch eines der hilfreichsten Werkzeuge zum Wachstum in meinem eigenen Leben. Sie hat mir geholfen, mich sehr schnell aus dem Bewußtsein des Mangels zu lösen und ein Bewußtsein der Fülle an Liebe, Gesundheit, Freundschaft, Erkenntnis und materiellem Reichtum zu entwickeln. Sehr bald nach meiner Begegnung mit Reiki ergaben sich in meinem Leben viele wunderbare Veränderungen. Ich könnte mehrere Bände darüber erzählen.

Damals studierte und lehrte ich verschiedene Heilmethoden, einige davon ohne jeden Berührungspunkt zu unserem konventionellen Wirklichkeitsverständnis. Ich verspürte den brennenden Wunsch zu begreifen, was ich beobachten konnte, und nach den Einstimmungen in den Zweiten Reiki Grad eröffneten sich mir gewisse Fähigkeiten, von denen ich vorher nicht einmal zu träumen gewagt hätte: Ich war in der Lage, eine andere Wirklichkeitsebene zu erleben.

Mein Staunen und meine Dankbarkeit für diese unglaubliche Erweiterung schien alle Grenzen zu sprengen. Ich ertappte mich immer wieder dabei, daß ich meinen (inneren und äußeren) Lehrern und dem Universum ganz allgemein ein herzliches »Dankeschön« sagte. Je mehr ich mich bedankte, desto mehr Erfahrungen, Herausforderungen und lang ersehnte Erkenntnisse strömten auf mich ein. Wenn ich eine Bestätigung für eine neue Einsicht brauchte, manifestierte sie sich augenblicklich.

»Zufalls«-Begegnungen mit Fremden brachten mir, was ich zum Abschluß eines bestimmten Projektes an Informationen brauchte. Mit jedem Dankeschön vervollständigte sich die Synchronizität der Ereignisse, die alle Puzzleteile meines Lebens zusammenfügte. Ein Gefühl des Friedens und Erfülltseins durchflutete im wahrsten Sinne des Wortes meinen Körper wie mit warmer Glut für einige Augenblicke, wann immer ich meine Dankbarkeit zum Ausdruck brachte. Bei diesen Gelegenheiten sah ich deutlich, daß ich mein ganzes Leben in diesem Zustand leben wollte. Mir wurde klar, daß der Ausdruck meiner Dankbarkeit meinen Geist fortwährend im Zustand des »Habens« verankerte. Der Kosmos belohnte mich um so mehr, je mehr ich mich für alles bedankte, was mir bereits gehörte.

Mir wurde damals überdies klar, daß nicht jeder die von mir empfangenen Reichtümer als Reichtümer betrachten würde, aber sie flossen mir immer weiter zu, weil ich sie ersehnte und für sie dankbar war. Indem ich mich reich und im Fluß der Fülle fühlte, erfuhr ich kontinuierlichen Reichtum. Gelegentlich begehrten in Reaktion auf unerwartete Wendungen meine alten einprogrammierten Muster auf. Dies unterbrach den Fluß, und dann mußte ich mich bewußt darum bemühen, wieder zur Einstellung der Wertschätzung zurückzufinden. Ab und an bediente ich mich des alten amerikanischen Tricks des »Tu-so-als-ob, bis-Du-es-tatsächlich-geschafft-hast«. Und dann lebte ich wieder mit der Einstellung der Dankbarkeit. Ich begriff sehr schnell, daß mir eine seelische Grundstimmung des »Nichthabens« grundsätzlich mehr von demselben »Nichthaben« bescherte.

Wann immer meine Schattenseiten in mir hochkamen und ich einfach nicht vom Jammern und Klagen lassen konnte, gab ich ihnen 15 Minuten Zeit, sich auszutoben, um mich dann sofort wieder in die Einstellung der Dankbarkeit zu begeben. Mir ging auf, daß Dankbarkeit für die sogenannten negativen Erfahrungen genauso wichtig ist wie Dankbarkeit für die positiven Erfahrungen im Leben. Irgendwie öffnete die von mir bewußt kultivierte und alles umfassende Einstellung der Dankbarkeit meine Augen, so daß ich den Nutzen auch der herausfordernden und unangenehmen Erfahrungen erkannte, in die ich mich zuweilen geworfen fand. All dies waren wertvolle Lektionen auf dem Pfad, und wenn ich sie auch manchmal nicht verstehen konnte, so war ich doch zumindest in der Lage, einige der unangenehmeren Begleitumstände unter der Rubrik »schlechtes Karma aus der Vergangenheit« abzulegen, das mich nun einholte; ich war dankbar, daß die Sache endgültig ausgestanden war. Sollte mich dasselbe Karma nochmals ereilen, nun, dann war das eben ein Test, der sicherstellen wollte, daß ich die Lektion auch tatsächlich begriffen hatte.

Wenn ich auf mein bisheriges Leben zurückschaue, stelle ich fest, daß scheinbar alles spurlos an mir vorüberging und ich jeder Erfahrung, auch der traumatischsten, noch eine positive Seite abgewinnen konnte. Vor allem eines habe ich gelernt: Was mir passiert, ist unwichtig, *wichtig ist, wie ich es interpretiere.* Wenn ich ein bestimmtes Ereignis negativ interpretiere und infolgedessen Widerstand dagegen aufbaue, werde ich es wiederholt auf mich ziehen. Gehe ich hingegen den Ursachen auf die Spur, dann nehme ich das Leben nicht mehr ganz so persönlich. Ich entdekke zum Beispiel, daß mich meine Mutter, als ich sechs Jahre alt war, nicht aus Lieblosigkeit ignorierte, sondern weil sie zwei andere Kinder zu versorgen hatte, oder daß mein Mann sich nicht deswegen schlecht gelaunt gibt, weil ich etwas falsch gemacht habe, sondern weil er überarbeitet ist.

Die Interpretation Deiner Erfahrung hat sehr viel mit Deinem Selbstwertgefühl zu tun. Wenn ich mich selbst liebe und die Tatsache anerkenne, daß ich ein Gefäß für universale Fülle in all ihren Spielarten bin, stehen die Chancen für mich sehr gut, solche Fülle auch tatsächlich zu erfahren. Fühle ich mich hingegen als Opfer der Umstände, mißtraue jedem und bin überzeugt, daß ich mich aus meiner Lage niemals wirklich befreien werde, dann wird der Kosmos in seiner unermeßlichen Großzügigkeit mir wahrscheinlich die Wahrheit meiner Überzeugungen beweisen. Ich werde immer wieder ein Opfer der Umstände sein; die Menschen werden mir immer wieder beweisen, daß man niemandem vertrauen darf; und ich werde mich aus meiner Lage niemals wirklich befreien können!

Solltest Du eines schönen Tages beschließen, eine neue Überzeugung auszuprobieren und ein neues Selbstwertgefühl zu erwecken, verbessern sich schlagartig Deine Chancen, eine *ganz andere* Wirklichkeit zu erfahren. Die meisten Menschen können sich nicht die ungeheure Wirkung vorstellen, die ihre Überzeugungen auf die Erfahrung ihrer Wirklichkeit ausüben. Wir würden in einer anderen Welt leben, wenn wir das wirklich sehen könnten. Trotzdem haben diese sogenannten »negativen« Erfahrungen zumindest eine gute Seite: sie ziehen mehr gleichartige Erfahrungen an, *bis Du schließlich eines schönen Tages aufwachen und Deine eigenen Muster erkennen wirst.* Dann erschließt Du Dir eine neue Seinsebene und hörst auf, immer wieder dieselben beschränkenden Umstände zu magnetisieren.

Regelmäßige Eigenbehandlung mit Reiki und die Entwicklung der Einstellung der Dankbarkeit sind ein einfacher Weg zur Einstimmung auf eine neue und positive Wirklichkeit. Es ist ein Weg der Liebe: Kultiviere ganz bewußt das Gefühl der Liebe für jeden Menschen, dem Du begegnest, für alles, was auch immer Du tust, und vor allem für Deine Gegenwart auf dieser Erde. Wenn ich meine Gedanken ganz auf die wunderbaren Dinge konzentriere, die ich gern vollbringen möchte, werde ich an dem einen oder anderen Tag unbewußt die Gelegenheiten ergreifen, die zur Erfüllung meiner Wünsche notwendig sind. Wenn ich in meiner Seele das Bild der fähigen, erfahrenen Frau im Keim anlege, die ich gern sein möchte, wird dieser von mir aufrechterhaltene Gedanke mich beständig in eine solche Frau verwandeln.

Die hermetische Wissenschaft stellt fest: »Alles ist GEIST; alles Schwingung«. Ich habe das in meiner Erfahrung bestätigt gefunden: mein Leben übernimmt dieselbe positive Schwingung, wenn immer ich eine positive seelische Grundeinstellung beibehalte und mich auf das in jeder Situation enthaltene Gute konzentriere. Bruder Elbertus trifft die Sache auf den Kopf, wenn er feststellt: »Richtig denken heißt schöpfen. Alle Dinge entstehen aus dem Wunsch, und jedes echte Gebet wird erhört. Woran unser Herz hängt, so werden wir. Ziehe Dein Kinn ein und trage Dein Haupt aufrecht. Du bist die Raupe, die den göttlichen Schmetterling in sich trägt.«

Gesundheit in Fülle

Psychische Gesundheit ist das Geheimnis für einen gesunden Körper – frei von Streß und unbewußten, unterdrückten Gedanken und ihren Emotionen. Du kannst Deine Schwingungsfrequenz erhöhen, wenn Du frei werden und Gesundheit in Fülle in Deinem Leben willkommen heißen möchtest. Wir stehen heute vor einem entscheidenden Punkt in der Evolution der Erde. Alles geschieht schneller und schneller, weil eine unvorstellbar mächtige Liebesschwingung über den Planeten weht.

Wenn diese Liebesenergie mit den »dickeren« Schwingungen der in unserem Körper gestauten Wut, Trauer und Angst in Berührung kommt, wird ein Prozeß der Reinigung und Läuterung in Gang gesetzt. Hast Du Dir zum Beispiel nicht die Freiheit genommen, Deine Trauer oder Traurigkeit zum Ausdruck zu bringen, könnte der fällige Reinigungsprozeß sich in Form einer gewöhnlichen Erkältung niederschlagen. Nach innen gekehrte Wut und Selbsthaß hingegen verwandeln sich häufig in bösartige Tumore. Arthritis ist ein weiteres anschauliches Beispiel. Zumeist ist sie auf ein übertriebenes Zurückhalten und Verschweigen (sich von anderen beherrscht fühlen und/oder andere beherrschen) zurückzuführen, das in der Kindheit begann und in das Erwachsenenleben übergreift. Generell können wir feststellen, daß alle Krankheitsursachen auf blockierte Gefühle zurückgehen, die Giftstoffe im Körper aufstauen.

Hinter jeder Krankheit der Körperseele liegt ein verleugnetes Gefühl. Wenn ein bestimmtes Gefühl über mehrere Leben hinweg geleugnet wurde, muß es vielleicht in Form einer lebenslangen Krankheit zum Ausdruck kommen, damit wir Klarheit gewinnen oder es ausgleichen können. Auf der anderen Seite gibt es viele Beispiele sogenannter »Wunderheilungen«, die jedem medizinischen Verständnis spotten, etwa wenn AIDS- oder Krebskranke sich auf dem Sterbebett wähnen und dann zu ihrer eigenen Verblüffung geheilt aufstehen. Solche Fälle beweisen nur, daß der krankheitsverursachende Faktor auf einer sehr tiefen Seinsebene ausgeräumt wurde.

Vielleicht stößt Dich der Gedanke ab, Berührung mit untragbaren Gefühlen aufzunehmen, aber es bleiben Dir kaum Alternativen, wenn Du auf der neuen Energieebene überleben willst. Da die Schwingungsfrequenz der Erde in Übereinstimmung mit den kosmischen Schwingungen weiter und weiter ansteigt, wirst Du alle Deine Gefühle ungefiltert fühlen müssen, wenn Du mit den intensiveren Schwingungen der Welt im Gleichgewicht bleiben willst. Dieselbe alte negative Konditionierung, die Dich im Gefühl der Trennung vom wahren Selbst einfriert, ist verantwortlich für allen Streß, allen Ärger, alle Krankheit und allen Kummer, die wir Tag für Tag auf uns ziehen.

Unser ganzer emotionaler Aufruhr ist nur eine Reaktion auf die uns einprogrammierten Denkmuster. Deswegen ist es nötig, mit den tieferen Gefühlen der Liebe in Berührung zu kommen, die unter den emotionalen Reaktionen verborgen liegen. Zu diesem Zweck können wir lernen, unmittelbar in unser emotionales Fühlen einzutauchen und es voll und ganz zu spüren. Um es noch klarer zu sagen: Wir können *fühlend* durch diese Emotionen hindurchgehen, bis wir die Liebe berühren, die jenseits von ihnen auf der anderen Seite liegt.

Wenn Du schließlich alle Deine Gefühle akzeptierst, ganz gleich wie unerfreulich diese auch sein mögen, wird Dein Leben einen großen Sprung vorwärts tun zu größerem Gleichgewicht und mehr Harmonie. In vielen Ländern der Erde unterrichte ich das *Core Empowerment Training**. In seinem Verlauf arbeiten wir ganz gezielt an der Entwicklung eben dieser Fähigkeit. Es ist unglaublich wichtig, daß Du lernst, aus Deinem Kopf »auszusteigen« und wieder mit Deinen Gefühlen in Berührung zu kommen. Du wirst dann ohne Schwierigkeit gesund bleiben, denn Du hast nun nicht länger das Bedürfnis, Deine negativen Emotionen in Form einer Krankheit zum Ausdruck zu bringen.

Du wirst außerdem verstehen, daß die verschiedenen Emotionstypen jeweils mit anderer Frequenz schwingen. Was wir gewöhnlich als »negative« Emotion bezeichnen, ist im Grunde nur eine komprimierte Spielart einer »positiven« Emotion. »Negative« Emotionen machen unbehaglich, weil sie so ungeheuer intensiv sind. Ihre Energie wirkt wie ein Magnet: sie zieht jene Erfahrungsqualitäten magnetisch an, die in ihr selbst zum Ausdruck kommen. Ein positiver Gedanke oder eine positive Emotion gleichen einem Blick durch ein Weitwinkelobjektiv: sie zeigen das Gesamtbild. Die Schwingung ist leicht und licht, deswegen ermöglicht sie eine umfassendere Perspektive. Die Energie ist entspannt. Angst hingegen gleicht dem Blick durch ein Mikroskop. Angst ist hochkonzentriert. Deswegen brauchst Du mehr Energie, wenn Du Angst auflösen möchtest, während die Auflösung eines positiven Gedanken weniger Energie kostet. Wenn Du Deiner Angst jedoch mit Widerstand begegnest, ziehst Du mit Deiner Energie schließlich das Gefühl oder die Erfahrung an, die Du am meisten fürchtest, denn Angst ist ein hochkonzentriertes (und damit hochreaktives) Gefühl.

In einer typischen Reaktion auf ein verleugnetes Gefühl baust Du gewöhnlich eine dickere Mauer um Dich auf, damit Du es

---

*Eine Einführung dazu findest Du in meinem Buch *„Kraft aus der Mitte des Herzens“*, Windpferd Verlag nicht erfahren mußt, sobald Du versehentlich mit ihm in Berührung kommst, zum Beispiel wenn ein anderer Mensch dieses Gefühl für Dich spiegelt. Sobald Du Dich aber gegen Deine Gefühle entscheidest und sie nicht respektierst, wirst Du eben dieselben verleugneten Gefühle sehr bald unbewußt auf Dich ziehen, so daß Du sie am Ende doch erfahren mußt. Leugnest Du sie selbst dann noch, entwickeln die Gefühle sich häufig zu einer Krankheit. Es kann sogar vorkommen, daß Du einen Unfall inszenierst, damit Du endlich Deinen eigenen Gefühlen begegnen kannst.

Ich habe in meinem Leben erst einen Autounfall gehabt. Bezeichnenderweise stand ich damals unter großem Streß, weil ich gegen mein besseres inneres Wissen eine dumme Entscheidung getroffen hatte. Nichts zwingt Dich, auf einen derartig brutalen Weckruf zu warten. Es ist viel leichter, Deine Gefühle beim ersten Auftauchen zu akzeptieren, denn auf diese Weise bringst Du Deine Energie sehr schnell ins Gleichgewicht. Dann haben selbst starke Emotionen keine Macht mehr über Dich, und Du bist frei, denn Du gibst Deine Macht nicht mehr an solche Emotionen ab und auch nicht an eine Reihe äußerer Lebensumstände.

Noch etwas ist wichtig, wenn Du krank wirst: kultiviere ganz bewußt das Gefühl der Liebe für die Krankheit oder das Leiden. Natürlich meine ich damit nicht dieselbe Verliebtheit, mit der ein Hypochonder seine Krankheit liebt. Ich sage: Liebe Deine Krankheit für die Botschaft, die sie Dir überbringt. In meinem eigenen Leben habe ich die Erfahrung gemacht, daß meine Krankheiten eine Art »Fieberthermometer« waren; sie haben mir gezeigt, wo meine Gedanken und Vorstellungen den Bezug zur Wirklichkeit verloren hatten. Alle Emotionen, ganz gleich ob positiv oder negativ, sind eine Reaktion auf Gedanken. Die wahren und tieferen Gefühle liegen unter den Oberflächenemotionen verborgen. Sobald es Dir gelingt, Deine Krankheit zu lieben und dem Schmerz oder Unbehagen dankbar zu sein, weil diese

Dir zeigen, wo in Deinem Leben Du Deine Wahrheit leugnest, wird die Krankheit wahrscheinlich sehr schnell verschwinden.

Die Energie der Liebe vermindert grundsätzlich und auf dramatische Weise Deinen Widerstand gegen Deine eigenen Gefühle. Strahlende Gesundheit ist möglich, vorausgesetzt Deine Gefühle dürfen frei fließen. Sobald Du unendlich viel Liebe durch Dich hindurchfließen läßt, wirst Du Gesundheit in Fülle erfahren und teilen.

Wenn Ich Dich sehe
mit offenem Herzen
öffnet sich mein Herz
zu vereinigtem Feld
wo Haß in Liebe schmilzt
und Liebe Einssein ist
ungeschaffen

Narayan

Liebe in Fülle

Überall um uns herum ist Liebe. Wenn wir die Fülle erfahren wollen, die uns zusteht, können wir uns auf diese Liebe einlassen. Leider jedoch haben viele Menschen keinen unmittelbaren Zugang zu diesem grenzenlosen Vorrat an Liebe. Statt im Gefühl grenzenloser Liebe aufzugehen, verschwenden wir einen großen Teil unserer Zeit mit dem Versuch, anderen zu gefallen. Die meisten wollen es unbewußt Familie, Freunden oder Kollegen recht machen, im Tausch für ein wenig Liebe, nach der wir uns einerseits verzehren, uns andererseits aber unser Sehnen nicht einmal eingestehen.

Wir suchen äußere Anerkennung. Diese jedoch kann die Liebe nicht ersetzen, die schon jetzt in uns steckt und nur darauf wartet, daß wir sie erfahren. Das tiefe Bedürfnis nach äußerer Anerkennung hängt mit der Entstehungsgeschichte unseres kleinen »Ich« zusammen, jener eingebildeten, vom Geist vorgespiegelten Identität, mit deren Hilfe wir unseren Weg durch die physische Welt manipulieren. Auf Grund unserer starken Identifikation mit diesem »Ich« der Persönlichkeit haben wir den Kontakt mit dem verloren, was wir eigentlich sind – ein Gefäß oder Medium der Universalen Lebenskraft. Wir haben absolut keinen Grund, Anerkennung und damit Liebe außerhalb von uns zu suchen, denn wir selbst sind aus der Energie der Liebe gemacht.

Du brauchst nur aufzuwachen und die Tatsache zu würdigen, daß Du tatsächlich diese Energie bist. Dann kannst Du sie in Deinem Leben einsetzen. Alles läuft auf eine simple Bewußtseinsumstellung hinaus: von einem Bewußtsein des Mangels (das Du durch jahrtausendelange unbewußte Massenhypnose von zahllosen kleinen »Ich«-Monaden übernommen hast, die alle der Illusion des Mangels aufgesessen waren) zu einer Bewußtheit des unendlichen SEINS, das Du tatsächlich bist. Du bist so viel mehr als alle Deine Gedanken, Emotionen und Gefühle zusammengenommen; so viel mehr als Deine Seinsvorstellungen; so viel mehr als Deine Überzeugungen, die Deine Erfahrung der Wirklichkeit filtern und zensieren. Du bist Substanz und Energie des Kosmos und deswegen schon jetzt mit diesem unmitttelbar verbunden. Allein Dein Klammern an falsche »Selbst«-Vorstellungen und Überzeugungen verbirgt vor Dir Dein tiefes inneres Wissen und hindert Dich daran, dieses Wissen zu verwirklichen.

Es führt nur ein Weg durch das Bewußtsein des Mangels: die Hingabe des »Ich« (das ohnehin nur ein Konstrukt des Geistes ist) an die umfassendere Universale Lebenskraft, die Du in Wahrheit bist. Du brauchst das »Ich« nicht zu bekämpfen oder zu versuchen, es zu unterwerfen oder auszulöschen: Du weist ihm einfach den ihm angemessenen Platz zu. Das »Ich« ist unsere

Landkarte, mit deren Hilfe wir uns durch die physische Welt bewegen. Es hilft uns zu überleben, und aus diesem Grund hat es auf dem Weg seiner Entwicklung entsprechend der Konditionierung und Lebensumstände des einzelnen ein paar eigenartige Gewohnheiten angenommen.

Ganz gleich, was für Dein Überleben in der Kindheit wichtig war, Du wirst es jetzt kaum mehr brauchen. Aber das »Ich« kann das nicht wissen. Das »Ich« gleicht einem Computerprogramm und reagiert roboterhaft auf das Leben. Es tut, was ihm entsprechend vergangener Erfahrung am praktischsten erscheint. Es wirft ein grundsätzliches Problem auf: es erlaubt Dir nicht zu fühlen, was im gegenwärtigen Augenblick angemessen ist; es bleibt in seinen vorgefaßten Ideen »erprobter« und erfolgreicher Konzepte stecken, auch wenn diese Konzepte keinen Bezug mehr zur Gegenwart haben. So könnte es zum Beispiel sein, daß Du Deinen Widerstand gegen innige Nähe zum Ausdruck bringst, indem Du andere Menschen auf Distanz hältst, ja absolut niemanden an Dich heranläßt, nur weil Du im Alter von fünf Jahren dasselbe tun mußtest, um Deine Verletzlichkeit zu schützen (auf der damals unsensible Eltern oder Geschwister herumtrampelten). Diese automatische Schutzfunktion des »Ich« ist der eigentliche Kern unseres Bedürfnisses, alles richtig zu sehen.

Es hat Zeiten gegeben, da mußte unser Urteil stimmen, so daß wir die für unser Überleben richtigen Entscheidungen treffen konnten. Trotzdem kann sich dieses Bedürfnis, alles richtig zu sehen und recht zu behalten, im alltäglichen Umgang mit unseren Mitmenschen zu einer heimtückischen Angewohnheit entwickeln. Sie raubt uns die in unseren Beziehungen tief ersehnte innige Nähe und vergrößert unseren Kummer und unser Leid. Um recht zu behalten, setzt Du andere sehr oft ins Unrecht, und wie wir alle wissen, will dies keiner haben. Am Ende stößt Du den anderen von Dir weg, bleibst allein zurück und fühlst Dich von allen abgeschnitten.

Wir neigen dazu, auf unsere gegenwärtigen Partner und Bekannten dieselbe Insensibilität zu projizieren, die wir in unserer Kindheit erfahren haben. Wir beschuldigen sie und schieben ihnen den Schwarzen Peter zu, weil wir uns selbst so ärmlich und bedürftig fühlen. Schließlich tun uns die anderen unbewußt den »Gefallen«, indem sie die negativen Verhaltensmuster ausspielen, die wir aus Gewohnheit von ihnen erwarten, auch wenn sie von Natur aus *nicht* dazu neigen.

Diese fortwährende Projektion der Vergangenheit auf die Gegenwart engt uns ein und zwingt uns, immer wieder dieselben elenden Muster zu erleben. Wir nehmen automatisch an, das die anderen uns entsprechend unseren unbewußten Erwartungen behandeln werden, und weil wir auf eine bestimmte Verhaltenfrequenz eingestellt sind, ziehen wir gewöhnlich genau die oder den für diese Inszenierung »Richtigen« an.

Mißhandelte Kinder liefern dafür ein extremes Beispiel, denn sie suchen sich später im Leben gewöhnlich einen Partner, der dasselbe Muster für sie nachspielt. Als Kinder sehnen wir uns verzweifelt nach Liebe und Aufmerksamkeit, so daß wir sogar negative Aufmerksamkeit noch als Zeichen der Liebe akzeptieren, wenn wir nichts Besseres bekommen.

Alles läuft also darauf hinaus, daß wir in unserem Leben nur erfahren, was wir uns im Geist vorzustellen gelernt haben. Darum zu bitten, was ich brauche, war eine der wichtigsten Lektionen, die ich in meinem Leben gelernt habe. Nachdem ich die Rolle der »unabhängigen« und total selbständigen Karrierefrau gespielt hatte, dauerte es Jahre, bis ich mir die Verletzlichkeit erlauben konnte, andere um das zu bitten, was ich von ihnen brauchte. Als Teenager war ich extrem rebellisch und habe das Muster dann später weitergesponnen, indem ich immer sehr genau darauf achtete, mich um alles selbst zu kümmern. Einem Mann zu sagen, daß ich ihn brauchte, war für mich unmöglich. Solche Worte wären Zeichen einer Schwäche gewesen, die ich damals nicht zugeben konnte; ich hätte mich dabei nur schrecklich verwundbar gefühlt. Infolgedessen ging ich durch mehrere Beziehungen, die alle in einer Sackgasse endeten, weil weder ich noch meine Partner uns wirklich aufeinander einlassen oder auch nur zugeben wollten, daß wir einander brauchten.

Uneingestanden verwandelt sich unser unvorstellbar großes Verlangen nach Liebe in ein Gefühl gräßlicher Bedürftigkeit. Jeder potentielle Gefährte wird das Weite suchen, wenn unsere Bedürftigkeit dermaßen groß ist, daß wir uns verzweifelt nach einem Partner sehnen, der uns helfen kann, unseren Hunger nach Liebe zu stillen. Kein Mensch fühlt sich zu einem Bedürftigen hingezogen, weil dieser tief in sich vollkommen leer ist; er kann nichts mehr geben, und er kann nichts mehr wirklich annehmen. Nur ein Retter-Typ (oder eine Retterin) läßt sich darauf ein, und die sind bekanntermaßen ebenso bedürftig.

Das Bedürfnis verschwindet augenblicklich, wann immer Du Dir die Freiheit nimmst, Dein Bedürfnis zu fühlen und dem anderen offen mitzuteilen. Paradoxerweise führt also nur *ein* Weg zur Überwindung ungesunder Bedürftigkeit, nämlich der offene Ausdruck des Bedürfnisses. Widerstand gegen das Bedürfnis hingegen verstärkt die Bedürftigkeit. Physischer Schmerz löst sich auf, sobald Du Deine Aufmerksamkeit voll auf den Schmerz konzentrierst. Gleichermaßen verschwindet alle Bedürftigkeit, wenn Du Dir die Freiheit nimmst, Dein Bedürfnis tatsächlich zu fühlen.

Es hilft zu wissen, daß wir den »anderen« auf der tiefsten (oder höchsten) Ebene gar nicht brauchen, weil der »andere« nur ein anderer Ausdruck von wahrem SELBST ist. Der andere spiegelt nur, was wir tief in uns bereits sind; *seinem Wesen nach ist er, was Du bist.* Und wie solltest Du etwas brauchen oder nötig haben, das Du bereits bist? Ihr wart ja keinen Augenblick voneinander getrennt! An dieser Stelle lohnt es sich, näher zu untersuchen, wie der Geist Erfahrung verarbeitet. Das mag Dir helfen, diese Wahrheit zu verstehen, die Dich einigermaßen verwirren muß, wenn Du sie aus dem Blickwinkel des gewöhnlichen Menschen mit einem für sich gesondert existierenden Körper betrachtest.

Was immer wir auch erfahren, wir erfahren es ausschließlich durch die Psyche, die sich aus allen unseren Bildern, Gedanken und Überzeugungen über dieses und jenes zusammensetzt. Wir interpretieren mit unserer Psyche alle Lebensumstände. Womit wir es eigentlich zu tun haben (unsere Gedanken), bleibt also absolut unsichtbar. Auch unsere Erfahrung des »anderen« spielt sich nur in unseren Gedanken ab. Wir mögen ihn vielleicht physisch berühren, interpretieren diese Berührung jedoch mit unserem Geist. Daraus folgt, daß unsichtbar bleibt, was wir unserem Wesen nach sind – unsichtbar und unbegrenzt, wie alle die »anderen«, die wir mit unserem Geist erfahren. Wahres Selbst präsentiert sich in einer Vielzahl von Formen, wobei der Körper nur eine dichtere Schwingung der »All-Seele« ist und die Illusion des Getrenntseins vom »anderen« erzeugt.

Das »Ich« (*persona*) ist das Medium des Geistes zur Erfahrung der Welt und beginnt, sich mit dem Körper als »Selbst« zu identifizieren, getrennt vom Ganzen. Die Identifikation als getrenntes »Ich« setzt eine Abwärtsspirale in die Materie in Gang. Wir beißen uns in Gedanken fest, die unsere Existenz als separates »Selbst« rechtfertigen und schließen daraus, daß andere ebenfalls eine gesonderte Existenz haben müssen.

Der Geist klammert sich ans »Ich«, das »Ich« klammert sich an den Körper. Wir fühlen uns fürchterlich abgeschnitten, allein und in die fünf Sinne verwickelt. Aus diesem Grund klammern wir uns an *andere*, die dieselbe Leere und Einsamkeit in sich fühlen und gemeinsam vertiefen wir in *unbewußtem* Zusammenwirken diese Illusion des Getrenntseins.

Der einzige Weg aus diesem Durcheinander führt in uns. Er lautet: »Erkenne Dich selbst.«, wie über den Eingang zum Orakel von Delphi geschrieben stand. Indem wir schrittweise erkennen, was wir nicht sind, entdecken wir schließlich das wahre oder

Kern-Selbst – jenes *unwandelbare* Wesen, das von keinem besonderen Ding abhängt und durch das alles hindurchfließt.

Unmittelbare Selbstbefragung ist der kürzeste und schnellste Weg zur Selbsterkenntnis. Indem wir wieder und wieder in uns hineinhorchen und fragen: *Wer ist wütend? Wer will wissen? Wer ist frustriert? Wer ist traurig? Wer liebt? Wer lacht?,* entdecken wir, daß dort niemand ist. Nachdem Du alle typischen Stempel für Deine angebliche Existenz als irrelevant abgehakt hast, wirst Du eine stille Präsenz entdecken, und die Beziehung zu dieser Stille ist letztlich die einzige, die Du wirklich brauchst. Durch den Kontakt mit dieser Essenz sind wir, unabhängig von seinem momentanen äußeren Verhalten, auch im anderen mit derselben Stille in Berührung. Sobald Du aus dieser stillen Präsenz leben kannst, nimmst Du Deine eigene oder die *Persona* anderer Leute nur noch selten wirklich ernst. Du willst nur noch selten unbedingt recht haben wollen und haftest auch nicht an Schuldzuweisungen, Schuldgefühlen, Angst oder den übrigen zahllosen Gedankenformen, die Dich ans Rad des Lebens fesseln.

Um die Fülle der Liebe in unseren Beziehungen zu erfahren, können wir »andere« als den echten Spiegel des SELBST erfahren, der sie im Grunde sind. Jeder verfügt über dieselbe angeborene Freiheit und denselben angeborenen Zugang zu Liebe und Fülle.

Bevor wir andere in diesem Licht sehen können, müssen wir uns zuerst selbst darin sehen. Unsere Bewußtheit des wahren Selbst als Quelle liebevoller Beziehungen befähigt uns, in liebevollen Beziehungen *zu leben.* Wenn wir diese Bewußtheit gewinnen wollen, dann vielleicht dadurch, daß wir lernen, unsere Bedürfnisse tief zu fühlen. Wahres Selbst offenbart sich, sobald wir uns dem tief in unserem Herzen spürbaren Bedürfnis zuwenden.

Reichtum in Fülle

Wahrer Reichtum ist ein psychischer Zustand. Ganz gleich, ob wir in Reichtum oder scheinbarem Mangel leben, wir erleben nur den Spiegel der von uns projizierten Gedanken, gleich den auf den anderen projizierten Erwartungen und dem Verhalten, mit dem er uns dann begegnet. Wenn wir in unserem Leben Fülle magnetisieren wollen, können wir nur unser Bewußtsein umschalten – von Negativität und Mangel zu einer Bündelung und Konzentration auf Reichtum und Fülle.

Die meisten sind sich völlig unbewußt, wie negativ sie auf Reichtum und Fülle reagieren. Eine unglaubliche Vielzahl von geistigen Programmen über die schädliche Wirkung des Geldes überschwemmen im wahrsten Sinne Deinen armen Geist. Es ist also verständlich, daß die Mehrheit der Menschen im Mangel lebt. Aufgrund der negativen Überzeugungen über das liebe Geld dominiert zwangsläufig das Gefühl des Mangels. Da Gefühle die größten Motivationsverstärker sind, zieht jedes Gefühl des Mangels *mehr* Mangel an. In meinem *Core Abundance Seminar* (mehr darüber findest Du in Kapitel 5) lassen wir uns im ersten Teil des Workshops mit den Teilnehmern sehr viel Zeit, um alle negativen Überzeugungen zum Thema Geld bloßzulegen. Indem wir diese negativen Überzeugungen ausgraben und dem Licht der Wahrheit aussetzen, machen wir einen entscheidenden Schritt zum Loslassen und erlauben der Fülle des Lebens schließlich, daß sie durch uns hindurchfließen kann.

Im ersten 21-Tage Prozeß des 42-Tage Programms zu absoluter Erfüllung im nächsten Kapitel konzentrierst Du Dich täglich fünf Minuten auf Deinen Widerstand gegen Fülle und Überfluß in allen Lebensbereichen. Indem Du diesen Widerstand tatsächlich spürst und gleichzeitig alle Überzeugungen in Betracht ziehst, die ihn aufrechterhalten, öffnest Du den Raum, in dem Deine

Wünsche sich erfüllen können. Danach konzentrierst Du Dich fünf Minuten auf Deine Herzenswünsche.

Herzenswünsche berühren Dich im Innersten. Sie begleiten Dich ein ganzes Leben lang, bis sie sich erfüllen. Wir unterscheiden hier also klar zwischen Phantasiewünschen oder trügerischem Begehren (von außen an Dich herangetragen und nicht in harmonischer Übereinstimmung mit Deinen tiefsten Bedürfnissen) auf der einen und *Herzenswünschen* auf der anderen Seite, durch die das Kern-Selbst mit Dir kommuniziert. Das uns allen gemeinsame wahre oder Kern-Selbst drängt Dich zu werden, wer Du in Wahrheit bist; es hilft Dir, Deine Rolle im Leben auszufüllen, indem es Dir die Wünsche zuspielt, die Du brauchst, um Dich zu weiterem Wachstum zu motivieren. Allerdings ist es dem wahren oder Kern-Selbst absolut gleichgültig, ob unsere Wünsche in Erfüllung gehen oder nicht. Deswegen muß der einzelne seine ganze Energie hinter diese Wünsche setzen und aktiv werden, damit sie sich endlich verwirklichen.

Das wahre Selbst ist im einzelnen individuiert. Jedes »individuelle« wahre oder Kern-Selbst magnetisiert oder erzeugt die Wünsche, die in optimaler Form in der Außenwelt die Lektionen hervorbringen, die der einzelne lernen muß, um die Frequenz seiner Lebensenergie zu erhöhen.

Indem wir unseren Herzenswünschen oder, wie Joseph Campbell sagt, dem folgen, was uns glücklich macht, vollenden wir, was zu vollenden wir auf diese Erde gestellt wurden. Wenn wir dem folgen, was uns glücklich macht, bringen wir uns auf eine Spur, die schon immer da war, die auf uns wartet, und wir leben endlich das Leben, das wir schon längst hätten leben sollen. Angeregt durch positive Gefühle beschäftigen wir uns mit Dingen, die uns Erfüllung schenken, und dehnen unser Energiefeld aus. Die Schwingungsfrequenz unseres Energiefeldes steigt und infolgedessen vergrößert sich unser Einflußbereich und damit die Fülle unseres Lebens. Wir begegnen schließlich den Menschen, die zu demselben Feld des Glücks gehören wie wir, und sie öffnen uns viele Türen.

Um in Fülle zu leben, können wir uns anleiten, in uns Fülle zu fühlen. Wir können unsere gesamte negative Konditionierung durchbrechen und mit der grenzenlosen QUELLE in Berührung kommen, die wir sind. Wir müssen ganz einfach unseren Geist davon überzeugen, daß wir Fülle sind, und danach beginnen, wie von selbst diese Fülle auf uns zu ziehen.

Das mag anfänglich schwierig erscheinen, denn so vieles in der Welt scheint das Gegenteil zu »beweisen« – nämlich, daß »das Leben schwer ist« und »Du hart arbeiten mußt, um Deine Brötchen zu verdienen« und so weiter und so fort. Wie soll das funktionieren – Fülle zu erleben, indem ich einfach meine psychische Einstellung verändere, wenn mir doch die »Wirklichkeit« fortwährend das Gegenteil vorhält?

Die Wahrheit ist einfach: der Großteil der Menschheit läßt sich immer noch von der im Massenbewußtsein (was C.G. Jung als »kollektives Unbewußtes« bezeichnete) verankerten Vorstellung des Mangels hypnotisieren. Ein Blick in die Natur genügt und zeigt überall unvorstellbaren Reichtum, unvorstellbare Fülle. In seiner Massenhysterie des Mangels beeilt sich das vereinte »Ich« der Menschheit, den Planeten zu vernichten, um nur ja schnell noch ein Stück vom Kuchen zu bekommen, »bevor er aufgegessen ist«.

Die Angst vor dem Mangel tötet uns und zerstört die Umwelt. Die Wurzel aller Gier ist die Angst, daß nicht genug für alle da ist. Ich sah dies in meiner unmittelbaren Nachbarschaft im U.S. Staat Washington im letzten Jahr aufs schönste demonstriert, als die großen Firmen der holzverarbeitenden Industrie wie wild Wälder abholzten aus Angst vor neuen Umweltbestimmungen, die ihnen den Kahlschlag nach Gutdünken verbieten würden. Wir sind jetzt an einem Punkt in der Geschichte der Erde angelangt, an dem wir kollektiv einen großen Sprung vorwärts machen müssen – hin zu jener Fülle, die bereits da ist und nur auf uns wartet, daß wir sie kultivieren.

Ein Kind noch
erkannte ich
das Leben ist ein Baum
und in seinem Schatten
genoß ich seine Frucht
da ich jetzt daran denke
öffnet sich unvermittelt die Pforte

Narayan

Die Überzeugung von der Unvermeidlichkeit der Armut wird von der ebenfalls unbewußt dahinlebenden Führungsschicht unserer Gesellschaft noch verstärkt, wann immer die Leute an der Spitze die Verbreitung dieses Glaubens an den Mangel durch die Massenmedien finanzieren. Hinzu kommt, daß fast jede Religion ihre Gläubigen auffordert, für die »Armen« zu spenden. Man lehrt uns Mitleid mit den Armen. Dabei wird vergessen, daß Mitleid zu den denkbar krankhaftesten Ego-Trips auf der Welt zählt. Sobald uns jemand »leid tut«, stellen wir uns über ihn. Wir bilden uns ein, er oder sie sei nicht so gescheit, nicht so klug und nicht vom selben Glück begünstigt wie wir. Leider übernehmen dann die meisten Armen diese Überzeugung, so daß der Kreislauf sich fortsetzt. Echte *Einfühlung* in das Unglück eines Mitmenschen ist eine Sache; wirklich *mit ihm* zu *fühlen* und mit ihm zu teilen, damit er wieder auf die Beine kommt. Eine ganz andere Sache ist es, sich im heimtückischen Dünkel des »Mitleids« zu suhlen.

Wenn wir diese Situation wirklich bereinigen und eine neue Wirklichkeit für uns erschaffen wollen, verabschieden wir uns am besten von den Überzeugungen der Mainstream-Gesellschaft. Wir brauchen vor allem eines: die innere Verpflichtung, uns auf die Wirklichkeit der Fülle einzustimmen und den Geist, ja unsere ganze Psyche zu einem vollkommen neuen Denken zu ermutigen. Wir können uns tatsächlich aus allen negativen Emotionen zum Thema Geld und Reichtum lösen. Mit innerer Beteiligung und voller Aufmerksamkeit vollendet, werden die zwei 21-Tage Pläne des Buches sicherstellen, daß diese Bewußtseinsumstellung wirklich erreicht wird.

Da das Massenbewußtsein sehr einflußreich ist und die negativen Gedanken anderer dauernd in unser Unbewußtes eindringen, wird es von Zeit zu Zeit notwendig, die neue Bewußtheit mit Ideen der Fülle aufzufrischen. Stellst Du zum Beispiel fest, daß bestimmte Themen des Planes in Dir mehr Widerstand wekken, solltest Du zum Nutzen Deines neuen Verständnisses die mit Widerstand belegten Themen gelegentlich nochmals durcharbeiten. Außerdem ist die Lektüre anderer Bücher über die dem Leben innewohnende Fülle zu empfehlen. Eines meiner Lieblingsbücher zu diesem Thema ist Stuart Wildes *The Trick To Money Is Having Some*, (auf Deutsch unter dem Titel *Geld – fließende Energie* beim Sphinx-Verlag erschienen). Der Autor beschreibt darin mit sehr viel Humor, wie wir uns vom »Tick-Tack« (dem Stumpfsinn des Alltags) einfangen lassen und darüber ganz vergessen, daß Geldverdienen *keine* ernste Sache ist, sondern ein Spiel. Er verhilft Dir zu der Einsicht, daß Du dieses Spiel auf den ersten Blick zwar mit äußeren Kräften zu spielen scheinst (den Kräften des Marktes), letztlich aber entdecken wirst, daß Du es ganz mit Dir allein spielst. Wayne Dyers *Real Magic* (auf Deutsch unter dem Titel *Wirkliche Wunder* beim Rowohlt-Verlag erschienen) ist neben dem *Abundance Book* von John Randolph Price ebenfalls eine wertvolle Stütze. Das Buch von John Randolph Price zum Beispiel hat mir vor sieben Jahren sehr geholfen, meine Vorstellungen vom fundamentalen Mangel zu beheben und mich letztlich inspiriert, mein eigenes Programm zu absoluter Fülle zu erstellen.

Die Entscheidung für das Vertrauen in den Kosmos ist der wichtigste Schritt zur Schöpfung von Reichtums- und Wohlstandsbewußtsein. Wie wir gesehen haben, ist dies keine leichte Aufgabe, wenn die große Mehrheit der Gesellschaft gleichzeitig unter einem gewaltigen Vertrauensdefizit leidet und fast ausschließlich unter dem entgegengesetzten Vorzeichen der Sorge steht und handelt.

Der Reiki-Grundsatz: »Gerade heute will ich mich nicht sorgen.« ist ein guter Leitfaden, der uns auf die Wellenlänge des Vertrauens eingestimmt hält. Sorgen machen wir uns nur, wenn wir vergessen, daß alles einen göttlichen oder universalen Sinn erfüllt. Sobald wir mit dem wahren oder Kern-Selbst in Berührung bleiben und jeden Tag nach unseren besten Fähigkeiten aus dem Raum einer gestillten Seele angehen, wissen wir, daß wir das nach Kräften Beste geleistet haben und überlassen der Universalen Lebenskraft das übrige. Sich Sorgen zu machen ist ein Gedankenmuster, das zwangsläufig zum Gefühl des Getrenntseins vom wahren oder Kern-Selbst führt; es spaltet uns automatisch von dem ICH BIN DAS-Bewußtsein des Universalen Ganzen ab. Sorgen entstehen aus der Identifikation mit dem täuschenden »Ich« und seinem umfangreichen Arsenal von Urteilen und Überzeugungen. Direkte Selbstbefragung ist ein erprobter und empfehlenswerter Weg zur Auslöschung dieser Identifikation. Eine ausgezeichnete praktische Einführung zu weiterführenden Einsichten in diesen Prozeß finden Sie in H.W.L. Poonja *Wake Up And Roar* (auf Deutsch unter dem Titel *Wach auf: Du bist frei* erschienen).

Es ist sinnlos, sich über die Vergangenheit den Kopf zu zerbrechen. Geh einfach davon aus, daß jeder Mensch (auch Du selbst) in jeder Lebenssituation sein Bestes gibt, in Übereinstimmung mit der Weisheit und dem Wissen, die ihm oder ihr in jenem Moment zur Verfügung stehen. Wir sind das Produkt unserer Konditionierung und reagieren entsprechend unseren vergangenen Erfahrungen. Falls Du einen Fehler aus der Vergangenheit bedauerst, wird Dir die Einsicht helfen, daß Du nur auf der Basis Deiner damaligen Kenntnisse gehandelt hast. Sei einfach dankbar für die Lektion, die Du lernen durftest, und widme Dich wieder der Gegenwart. Wenn andere Dir in der Vergangenheit Unrecht getan haben, bedenke, daß auch sie nur auf der Grundlage ihrer Konditionierung handelten. Am besten, Du wünschst ihnen alles Gute für ihr weiteres Leben (vergibst ihnen und Dir selbst) und vertraust darauf, daß auch der andere aus seinen Handlungen gelernt hat.

Nicht weniger fruchtlos ist es, sich um die Zukunft zu sorgen. Ich lebe nach dem Motto: »Erwarte vom Leben das Beste, und wenn Dir etwas Unerwartetes passiert, wisse und vertraue, daß es das für Dich augenblicklich Beste ist.« Auch scheinbar sehr Negatives ist nur eine Lektion. Ich selbst habe irgendwie zu dieser Situation beigetragen, um daraus zu lernen, auch wenn dies unbewußt geschehen sein mag. Ich entscheide mich ganz bewußt, dankbar dafür zu sein, daß dies passiert ist und ich infolgedessen nun frei davon bin. Dann wende ich mich anderen Dingen zu.

Mir hilft die Hingabe an wahres Selbst. Ich versuche nicht, mich in das kosmische Timing im Leben einzumischen. Ich weiß um die Synchronizität der Ereignisse, die eintritt, wenn ich in perfektem Fluß meinem Herzenswunsch folge. Solange ich meine Rolle erfüllt und meinen Teil dazu getan habe, ist auch für alles andere gesorgt. Warum sich also auf Grund unlogischer und irrationaler Gedankenmuster Sorgen machen? Sorgen entstehen ausschließlich aus Angst. Sie bringen nur mehr Begrenzungen hervor, welche dann ihrerseits im Bewußtsein die Trennung verstärken.

Es war ein Sprung kopfüber in das blinde Vertrauen in den

Kosmos, als ich als frischgebackene Reiki-Meisterin zu lehren begann. Ich hatte gerade meinen Doktor in Psychologie gemacht und von einer inneren Stimme den Hinweis erhalten, daß es meine Rolle sei, unterwegs mit anderen zu teilen, was ich selbst über viele Jahre gelernt hatte. Gewiß, ich besaß einen ziemlichen Wissensschatz. Also sollte ich in die Welt hinausgehen und meine volle Schale leeren. Ferner wurde mir offenbart, daß der Lehrstil wichtiger sei als die Lehrinhalte. *Wie* ich lehren würde, darauf käme es an, nicht was ich lehren würde. Alles sollte unmittelbar aus dem Herzen kommen. Die Menschen würden sich mehr an die Herzensenergie hinter meinen Worten erinnern als an die Worte selbst.

Als ich mich dann mit wenigen Adressen in meinem Notizbuch in meinen Wagen setzte und kreuz und quer durch die Vereinigten Staaten fuhr, hatte ich nicht die geringste Ahnung, wie es ausgehen würde. Manchmal fielen Kurse aus, für die ich viele Teilnehmer erwartet hatte. Bei anderer Gelegenheit entstanden aus »Zufallsbegegnungen« Kurse, die ich nicht einmal geplant hatte, und ich war immer in der Lage, meinen finanziellen Verpflichtungen nachzukommen. Mit den Jahren lernte ich gelassen zu bleiben, ganz gleich was geschah. Mir wurde klar, daß gewisse Menschen zu einem bestimmten Zeitpunkt in einer bestimmten Gruppe zusammenkommen mußten. Manchmal war die Gruppe klein, manchmal groß. Was auch passierte, es war genau das, was in dem Augenblick passieren mußte. Ich erkannte mehr und mehr, daß jede Gruppe ganz bestimmte »Lehren« aus mir »ziehen« mußte, und ich lernte selbst eine Menge aus den Antworten, die ihre Fragen in mir hervorriefen.

Mein Leben wurde um so reicher, je mehr ich mich dem spontanen Prozeß des Lehrens anvertraute und meine vorgefertigten Meinungen über Bord warf. Langsam aber sicher gab ich alle meine Geldsorgen auf. Irgendwie wurden immer alle Rechnungen bezahlt, und ich konnte mir sogar gelegentlich einen ausgiebigen Einkaufsbummel erlauben, wann immer das wieder einmal fällig war.

Sehr bald entschied ich mich dann, nach Europa zurückzukehren, wo ich meine Kindheit verbracht hatte, und auch dort ergaben sich immer mehr Kontakte. Schließlich erkannte ich, daß ich genau die Rolle spielte, für die ich mich unbewußt ein ganzes Leben lang vorbereitet hatte: in vielen verschiedenen Ländern und Kulturen zu lehren und ein Netz an Verbindungen herzustellen.

Ich habe getan, woran ich wirklich Spaß hatte, und wie es scheint, habe ich auf diese Weise auch vielen anderen viel Freude gebracht. Auf meinen Reisen um die Welt habe ich darin den Schlüssel zum Reichtum erkannt: mache, was Dir Spaß macht, und mache es gut! Wenn Dich Deine Arbeit erfüllt, werden auch andere Menschen Deine positive Energie spüren und daran teilhaben wollen, ganz gleich was Du tust.

Dieser Grundsatz wirkt im individuellen Leben, aber auch im Rahmen einer großen Firma. Dies konnte ich in meinen zwei Jahren als Direktorin des Massage- und Kurbetriebes auf einem Kreuzfahrtschiff deutlich sehen. Die ersten zwei Kapitäne unseres Schiffs waren ausgesprochen liebenswürdige und kultivierte Herren, einfühlsam und gleichzeitig von echtem Selbstvertrauen erfüllt. Sie verstanden es, Aufgaben zu delegieren und vertrauten der Mannschaft und den Offizieren, ohne sich groß in den Routinebetrieb einzumischen. Nach diesen zwei wunderbaren Männern waren wir dann gezwungen, uns mit zwei ausgesprochenen Nieten herumzuärgern. Der dritte Kapitän war ein schwerer Alkoholiker und mußte schließlich wegen einer Leberzirrhose den Dienst quittieren. Dann kam Nummer vier, ein wohlmeinender, aber schwacher Charakter, der sich vom kontrollbesessenen Wirtschaftsleiter des Schiffes dazu überreden ließ, alle möglichen unfairen und unsinnigen Regeln einzuführen, damit auch jeder wisse, wer das Sagen hat. Die Moral von Mannschaft und Offiziersstab kippte sehr schnell und damit unser Geschäft. Wir inszenierten eine »Traumschiff«-Version der »Meuterei auf der Bounty«. Wie viele andere Leute in Schlüsselpositionen kündigte auch ich sofort nach einer Alaska-Kreuzfahrt, die ich unbedingt mitmachen wollte.

Meine Erfahrung an Bord lehrte mich verschiedene Dinge. Am wichtigsten: Alle Menschen wollen Bestätigung und Anerkennung. Die Mannschaft brauchte das Gefühl von Anerkennung und Bestätigung durch den Kapitän. Die Passagiere mußten das Gefühl haben, von der Mannschaft geschätzt und geliebt zu werden. Solange Anerkennung und Bestätigung von der Schiffsleitung nach unten gefiltert wurden, lief alles wunderbar. Sobald aber die Mannschaft schlecht aufgelegt war, war sie nicht mehr in der Lage, den gelegentlich aufsässigen Passagier mit Samthandschuhen anzufassen, und bald waren dann alle Passagiere nur noch »Vieh« in der Herde, die man eine Woche lang betreuen mußte. Eine Unsicherheit führte zur nächsten. Ich habe daraus gelernt, daß Du zuerst herausfinden mußt, was die Menschen wollen. Wenn Du es ihnen gibst, wirst Du in jeder Branche Erfolg haben.

Neben Anerkennung und Bestätigung brauchen die Menschen vor allem das Gefühl der Sicherheit. Du wirst sehr erfolgreich sein, sobald Du Deinen Kunden auch nur vorübergehend durch klärende Worte oder Hilfsbereitschaft dieses Gefühl der Sicherheit vermittelst. Du schaffst damit eine entspannte, positive Atmosphäre, und die Menschen kommen in Scharen zu Dir. Dann brauchst Du nur noch die Rechnung zu schreiben. Letzteres mag vor allem Frauen etwas schwer fallen, denn die Gehirnwäsche von Generationen, daß Frauen immer kostenlos zu Diensten sein müssen, lastet schwer auf uns. Mit ein bißchen Übung wird das jedoch einfacher. Sobald Du Deinen eigenen Wert erkennst, spüren die Menschen Dein neues Selbstbewußtsein und reagieren entsprechend.

Um Deinen eigenen Wert wirklich zu fühlen, kannst Du irgendwann einmal Dein eigenes Bedürfnis nach Anerkennung aufgeben. Du bist nicht frei, wenn Du innerlich immer noch versuchst, es Mami und Papi oder Deinem Mann, Deiner Frau oder Familie recht zu machen. Da Du selbst bedürftig bist, wird es Dir schwerfallen, anderen im echten Sinne zu dienen. Du bist dann nicht in der Lage, Deine Kunden oder Klienten objektiv zu bedienen. Stattdessen suchst Du unbewußt von ihnen Anerkennung, und das wird schnell spürbar. Dieses Prinzip wirkt sich auf alle Beziehungen in Deinem Leben aus. Selbst Deine engsten Bezugspersonen werden unbewußt Dein Bedürfnis nach Anerkennung ausspielen, um von Dir zu bekommen, was sie im Augenblick brauchen.

Auf lange Sicht sind die Menschen jedoch lieber mit jemandem zusammen, der ihre Bestätigung nicht braucht, weil ein selbstsicherer Mensch mehr geben kann. Wer in sich ruht, schwingt im Gleichklang mit wahrem Selbst, dem eigentlichen Kern des Seins, und kann anderen infolgedessen auf derselben Ebene offen und frei begegnen.

Du spürst sofort, wenn jemand nichts von Dir will und Dich akzeptiert, ganz einfach weil Du nun einmal der oder die bist, der oder die Du bist (ein weiterer Aspekt von wahrem Selbst). Einem solchen Menschen möchtest Du automatisch etwas von Dir geben, denn er erweckt Deine angeborene, natürliche Großzügigkeit, die Du nur zeitweise vergessen hattest. Leicht zu verstehen, warum ein solcher Mensch Reichtum wie magnetisch anzieht. Er ist für jedes Augenblicksgeschehen offen. Für Reichtum in Fülle ist dies eine Voraussetzung. Um Reichtum zu empfangen, mußt Du jeden Augenblick für den potentiellen Reichtum offen sein. Alles läuft auf eine Entscheidung zum SEIN hinaus: Sein oder Nichtsein, das ist hier die Frage.

Erfahrung in Fülle

Sobald Du Reichtum so nimmst, wie er im Grunde ist: die fließende Energie Universaler Lebenskraft, öffnest Du Dich einer Fülle neuer Möglichkeiten. Aus den verschiedenen spirituellen Traditionen lernen wir, daß die Mehrheit der Erleuchteten ihr Haften am »Ich« (das sie so lange von der Erfüllung ihrer größten Sehnsucht ferngehalten hatte) erst nach einer großen Vielfalt an Lebenserfahrungen lösen konnten. Es könnte deswegen sein, daß auch Du Dir Deine Wünsche erst erfüllen mußt, wenn Du sie schließlich loslassen und nicht mehr an ihnen haften möchtest. Buddha war ein Königssohn, der in seiner Jugend viele Genüsse des Lebens auskostete. Obgleich Prophet des einen Gottes blieb Mohammed sein ganzes Leben ein Mann von dieser Welt. Jesus hat weite Reisen unternommen und sowohl die ägyptischen Geheimlehren als auch mit Meistern des Ostens studiert, war also ebenfalls weltgewandt. Ein anderes Beispiel ist der Heilige Franz von Assisi; in eine adlige Familie geboren, gab er erst später sein Haften an materiellen Besitztümern für ein einfaches und bescheidenes Leben auf. Auch mein eigener Lehrer H.W.L. Poonja hat viele Erfahrungen in der Welt gesammelt, bevor er Einssein mit wahrem Selbst vergegenwärtigte.

Wir ziehen daraus eine wichtige Lehre: Geld an sich ist kein Hindernis für den geistigen Pfad, denn wie unsere Beispiele zeigen, haben alle Erleuchteten schließlich den Wunsch nach materiellem Besitz transzendiert. *Sie waren weder dafür noch dagegen.* So ermahnte Jesus in seinen Lehren die Reichen, dem Geld nicht begierig nachzujagen, machte die Armen aber andererseits darauf aufmerksam, daß Fülle und Reichtum überall zu finden sind. Allen diesen Lehren ist eine praktische Botschaft gemeinsam: Finde ein gesundes Gleichgewicht und laß Dich nicht auf eine starre Position gegen oder für das Geld festlegen.

Vielleicht mußt Du bestimmte Erfahrungen vervollständigen,

bevor Du an den Punkt kommst, an dem Du alles Haften losläßt, so daß es schließlich von selbst wegfällt. Manchmal wirst Du dafür Geld brauchen. Das Geheimnis besteht darin, Deine Intention voll und ganz auf die Erfahrung zu richten (nicht auf das Geld an sich), und das Kapital oder andere notwendige Mittel werden sich gewiß einstellen. Dann ist es wichtig zu handeln, damit Du Dir Deinen Herzenswunsch tatsächlich erfüllen kannst.

Sobald Du im Bewußtsein der Fülle lebst, kannst Du Dich voll und ganz auf Dein Lebensziel konzentrieren. Wesentlich ist, daß Du immer im Einklang mit Deinen Herzenswünschen lebst und alle notwendigen Schritte unternimmst, damit diese wahr werden. Entscheide, was Du wirklich willst. Das ist der Schlüssel. Dann handle – und zwar so, daß Du mit Deiner ganzen Energie dahinterstehst.

Leider leidet die große Mehrheit der Menschen jedoch unter »Entscheidungs-Phobie«. Die meisten Leute verbringen ihr liebes Leben von einer Idee zur nächsten schwankend. »Wäre es nicht toll, wenn ich dies wirklich tun könnte?« »Aber es wäre auch eine wunderbare Idee, jenes zu machen.« So viele Menschen verschwenden ihr gesamtes Leben mit täuschenden Hoffnungen und Wunschvorstellungen; eine unendliche Liste von »Was-wäre-wenn-Ideen«, die sie vom eigenen wahren Potential ablenken, bis es wirklich zu spät ist, denn der Tod klopft an die Tür.

Hoffnung ist eine weitere uns einprogrammierte, nutzlose Emotion, die uns von unserem eigenen Potential fernhält und unsere »Entscheidungs-Phobie« füttert. Wenn wir unsere Energie in die Hoffnung auf eine bessere Zukunft investieren, halten wir psychisch unser Glück immer eine Nasenlänge von uns fern, nämlich in der Zukunft. Für unsere Wünsche kommen wir immer einen Schritt zu kurz. Wir müssen uns klarmachen, daß es im Grunde weder Vergangenheit noch Zukunft gibt, sondern nur eine ewige *Gegenwart.* Wenn es Dir jetzt nicht sonderlich gut geht, ist die Wahrscheinlichkeit groß, daß es Dir auch in ein paar Augenblicken immer noch nicht gut gehen wird. Fülle offenbart sich nur jetzt. Wir müssen sie fortwährend im *Jetzt* wiedererschaffen.

Indem wir uns auf unser eigentliches Ziel im Leben konzentrieren und unsere Entscheidung vorbehaltlos mit unserer Energie und unseren Taten unterstützen, lassen wir unser Bedürfnis nach illusorischen Hoffnungen fahren, denn wir sind ganz und gar mit der freudvollen Entfaltung der Gegenwart beschäftigt. Sobald wir aber das Bedürfnis nach falschen Hoffnungen aufgeben, beschenken wir uns mit der Kraft für einen weiteren Schritt in Richtung Wunsch- oder Bedürfnisfreiheit, weil wir schließlich einsehen, wie leicht es ist, in physischer Wirklichkeit zu manifestieren, was immer wir wollen.

In Australien lernte ich ein gutes Beispiel für diesen Prozeß kennen. Ich sprach dort länger mit einer Teilnehmerin an einem *Core Empowerment Training.* Zu Beginn dieses Intensivseminars betonen wir, wie wichtig der fühlbare Kontakt mit unseren Lebenszielen ist. Wir müssen sie festlegen und anschließend einen Plan entwerfen, der Resultate bringt. Dabei bleibt unser eigentliches »Ziel«, am Ende über jede Zielorientierung hinauszugehen. Dies kann jedoch nur geschehen, wenn Du vorher die Fähigkeit entwickelt hast, alles zu manifestieren, was Du in Deinem Leben brauchst. Damit Du über die Überlebensängste des durchschnittlichen Menschen hinausgehen kannst, mußt Du an einem gewissen Punkt in Deinem Leben zuerst eine beständigen, natürlichen Fluß der Fülle erfahren.

Meine Schülerin hatte fünf Jahre lang ein reich bebildertes Tagebuch über ihre Lebensziele geführt. Sie hatte systematisch über ihre Ziele meditiert und anhand von Bildern aus Zeitschriften und anderen Quellen mit einer Gruppe Gleichgesinnter exakt visualisiert, was sie in physischer Wirklichkeit manifestieren wollte. Über einen Zeitraum von fünf Jahren hatte sie ihr Traumhaus am Meer gebaut, ihre alte Firma verkauft, eine neue Karriere begonnen und eine Reihe von anderen Zielen auf ihrer Liste erreicht. Da sie aus erster Hand erfahren hatte, wie leicht es ihr gefallen war, ihre Absichten physisch zu verwirklichen, konnte sie nun loslassen und darauf vertrauen, daß der Kosmos sie in jedem Augenblick mit dem für sie Richtigen versorgen würde. Nicht mehr an Wünschen oder am »Ich« haftend, konnte sie sich der Energie der Universalen Lebenskraft anvertrauen und diese durch sich wirken lassen.

Durch ihre Erfahrungen und Bereitschaft, kosmische Fülle zu empfangen, vertiefte sich ihr Vertrauen in wahres Selbst. Das Erlebnis eines konstanten Flusses materieller Fülle kann für die Abrundung des eigenen Seins sehr wichtig sein. Also folge am besten Deinen Herzenswünschen und verwirkliche sie, bis sie ganz natürlich wegfallen. Wenn Du einmal genug Erfahrung gesammelt und genügend Abenteuer bestanden hast, schwindet der anfängliche Adrenalinstoß und verliert nach und nach alle Anziehungskraft. Mit der Erfüllung jedes einzelnen Wunsches erkennst Du schließlich, wie jeder Wunsch nach seiner Verwirklichung zum nächsten führt.

Indem Du den niemals abreißenden Fluß von Wünschen durch den Geist zu erkennen beginnst, wird Dir das Loslassen immer leichter fallen, und schließlich läßt Du alle Wünsche durch Dich hindurchfließen, ohne anzubeißen. Um eine Ebene des Seins zu erreichen, auf der Du weder für noch gegen Wünsche eingenommen bist, brauchst Du einen weiten Erfahrungshorizont, damit selbst »Erfahrung« Dir nicht länger zum Fallstrick wird. Dann lernst Du, im Augenblick zu *sein*, ohne Dein Herz an ein bestimmtes Ergebnis zu hängen. Sobald wir aber nicht länger auf ein bestimmtes Ergebnis aus sind, sind wir endlich frei und leben jeden Augenblick in vollendetem Staunen, gleich einem zwei- bis dreijährigen Kind, das sich von allem faszinieren läßt, mit dem es sich gerade beschäftigt. Vergangenheit oder Zukunft gibt es nicht mehr, nur noch das Staunen im Augenblick.

Am besten, wir verweilen immer im gegenwärtigen Augenblick, wenn wir in vollendeter Fülle leben wollen. Uns einer Vielzahl von Erfahrungen zu öffnen, mag sich als großer Schritt in diese Richtung erweisen. Wir erfahren die vielen Situationen des Lebens mit dem Gefühl des Staunens. Wir werden mehr und mehr in den gegenwärtigen Augenblick versetzt – und damit in unsere eigentliche Fülle.

Kapitel 4

Ein 42-Tage Programm zu absoluter Erfüllung

Nachdem ich die Schritte für die zwei 21-Tage Pläne formuliert hatte, die hintereinander über 42 Tage auszuführen sind, stellte ich begeistert fest, daß diese Zahlen auch numerologisch sehr gut passen. Die zwei 21-Tage Pläne entsprechen dem 21-tägigen Reinigungsprozeß, der nach dem Empfang der Reiki-Einstimmungen einsetzt, und darüber hinaus den 21 Tagen, die Dr. Usui auf seiner persönlichen Suche fastend auf dem Berg verbrachte. Beide 21-Tage Pläne setzen sich aus 7-tägigen Zyklen zusammen, die jeweils dreimal wiederholt werden. In Übereinstimmung mit dem Gesetz der Geheimlehren wird wahr, was dreimal von der QUELLE ausgesprochen wird (das Gesetz der drei Wiederholungen).

Viele Traditionen betrachten die Zahl 42 als glückverheißendes Vorzeichen. Nach Linda Goodmans Interpretation der Numerologie der Kabbala ist 42 eine besondere Glückszahl. Sie steht für »Liebe, Geld und Kreativität« und symbolisiert damit karmische Belohnung. 42 bedeutet, daß Du nun endlich ernten kannst, was Du vor langer Zeit gesät hast. Was auch immer Du im Verlauf vieler vergangener Inkarnationen vorbereitet hast, mit ihren segensreichen Einflüssen hilft die 42 Dir, es in diesem Leben tatsächlich zu manifestieren. Eines jedoch ist wichtig, wenn Du mit der Zahl 42 (und generell mit dem starken Rückenwind der Lebenskraft) arbeitest: Bilde Dir nichts darauf ein, daß Dir alles mühelos zufliegt. Im Gegenteil, nimm die Gelegenheit wahr und verschmelze noch mehr mit der Gnade der Universalen Lebenskraft.

Im *I Ging*, dem chinesischen Buch der Wandlung(en) versinnbildlicht die 42 *Gewinn*. In den verschiedenen Kommentaren zum Text steht, daß es »von Vorteil ist, ein Ziel zu haben und den großen Fluß zu überqueren«. Wie das Bild andeutet, gehst Du über die gewöhnlichen Grenzen hinaus und lernst, den Wassern des Lebens zu vertrauen. »Das Überqueren des großen Flusses« verweist auf eine Einweihung in das größere Leben: Du läßt das alte Ufer hinter Dir und faßt auf vollkommen neuem Boden Fuß. Außerdem wird gesagt, daß nun alle Hindernisse ausgeräumt sind, daß der HIMMEL Dich mit Fülle überhäuft und die ERDE reiche Frucht trägt. Die Fülle hat ihre eigene Zeit: das ewige JETZT.

In seiner grundlegenden Einführung in das Mysterium der Zahl setzt Stephan Endres die 42 mit der 40 gleich, die in den spirituellen Überlieferungen des Christentums und in der Sufi-Tradition des Islam eine große Rolle spielt. Er erwähnt, daß gleich Jesus‘ vierzig Tagen in der Wüste die traditionelle Meditationsklausur der Sufis ebenfalls vierzig Tage dauert. Diese und viele andere Beispiele verweisen auf die Tatsache, daß 42 oder 40 Tage schon seit alters her als ideale Zeitspanne zur Hebung der Energie der Lebenskraft und für die Durchsetzung grundlegender Bewußtseinsveränderungen angesehen wurden.

Von der Vorstellung des Mangels ...

Bevor Du Fülle erfahren kannst, berühre zuerst ganz bewußt, was Dich im Zustand des Mangels festhält. Die ersten 21 Tage Deines 42-Tages Programms lösen in Dir das Gefühl auf, daß Dir in dem einen oder anderen Lebensbereich irgend etwas fehlt. Die erste Hälfte des Programms verfolgt gezielt eine bestimmte Absicht: sie möchte Dir helfen, jede Form der Ambivalenz zu überwinden, und Dir zeigen, wie Du unmittelbar mit der auf polaren Gegensätzen beruhenden Bewußtseinsstruktur in Berührung kommen kannst, die diese Ambivalenz in Gang hält. Du beschließt die Übungen jeden Tag mit der Einstellung der Dankbarkeit, die das Denken in polaren Gegensätzen auflockert.

Widerstand und Wunsch sind grundlegende Kräfte – der Brennstoff für unsere gewöhnliche Erfahrung. Wir wünschen uns, was uns unserem Gefühl nach Freude und Glück bringt. Wir leisten Widerstand gegen alles, das uns Freude und Glück verweigert und uns im Gegenteil Schmerz und Leid bringt.

Jeden Tag setzen wir uns zuerst mit dem Widerstand auseinander, denn Widerstand hindert uns daran, für den natürlichen Fluß der Fülle offen zu sein. Dann widmen wir uns dem Wunsch, der entgegengesetzten Polarität. Solange Wünsche da sind, ist auch Widerstand da. Solange Widerstand da ist, sind auch Wünsche da. Der eine ist die Schattenseite des anderen, und beide implizieren sie Mangel. Widerstand verweist ganz ausdrücklich auf Mangel, denn er schließt die schöpferischen Kräfte aus, die Fülle zum Ausdruck bringen. Wunsch deutet den Mangel an, weil Du Dir mit jedem Wunsch unterschwellig zu verstehen gibst, daß Du eine bestimme Sache *nicht* hast – daß Du einen bestimmten Mangel leidest. Deswegen mußt Du Widerstand und Wunsch für eine Eigenschaft auflösen, bevor Du diese Eigenschaft vollkommen frei und authentisch erfahren kannst.

Im Verlauf des ersten 21-Tages Plans wirst Du die Widerstände und Wünsche erfahren, die Du mit sieben grundlegenden Lebensbereichen verbindest. Diese Lebensbereiche stehen in losem Zusammenhang mit den sieben Energiezentren des feinstofflichen Körpers und repräsentieren als solche die Blaupausen für die Muster, die Dein Leben beherrschen. Indem Du die Blaupausen löschst, die Dich im Zustand des Mangels gefangenhalten, öffnest Du Dich gerade weit genug, daß Du nun dankbar die *transformierende Präsenz* derselben Eigenschaften anerkennst, die Du früher ersehnt oder abgelehnt hast.

... zu absoluter Erfüllung

Die zweiten einundzwanzig Tage gewähren Dir die beispiellose Gelegenheit eines unmittelbaren Zugangs zum EINSSEIN. Du verharrst nicht länger in Unbewußtheit und Mangel, sondern verschmilzt mit dem weiten, unerschöpflichen Ozean des Bewußtseins, indem Du Dich auf sieben machtvolle Grundsätze der Wirklichkeit konzentrierst.

Aufgrund ihrer Formulierung zeigen die Grundsätze Dir die Möglichkeit der Erfahrung einer Stille, die weit über die Grenzen des Geistes und aller psychischen Inhalte hinausreicht. Indem Du Dich tief mit der einfachen, doch fundamentalen Frage beschäftigst: »Wer bin ich?«, findest Du Zugang zur stillen GÖTTLICHEN PRÄSENZ, die Dich schon immer begleitet hat – das wahre oder Kern-Selbst, das kein Ding ist und mir doch alles zur Verfügung stellt, das ICH BIN. Sobald wir Zugang zu dieser inneren Stille finden, fallen alle Zweifel an der Erfüllung von uns ab, *denn wir verstehen nun, daß wir selbst jene Erfüllung sind.* Obwohl immer noch gegenwärtig, halten die vielen verschiedenen Gedanken nicht mehr unsere Aufmerkamkeit gefesselt, die früher unseren inneren Frieden gestört haben. Wenn wir uns auch zeitweilig noch gelegentlich ablenken lassen, finden wir nun mühelos zur QUELLE zurück.

Eine Zeit der Konzentration

Dein Bewußtsein ist so gut wie immer unkonzentriert, zu gut neunundneunzig Prozent. Vielmehr jagen Tausende von x-beliebigen Gedanken durch Deinen Geist. Das sind keine ursprünglichen, originellen Gedanken, denn sie entstehen aus vergangenen Erinnerungen und Plänen für die Zukunft. Solange Du an solchen Gedanken haftest, werden diese Gedanken Deine Aufmerksamkeit in Anspruch nehmen und Dir Deine Kraft stehlen. Da sie Deine aus der Vergangenheit bestimmte Konditionierung noch weiter verstärken, halten sie Dich zwangsläufig im Zustand des Mangels gefangen, der Dir einprogrammiert ist.

Wenn Du Dich von den Kräften freimachen willst, die Dich fesseln und Dir kostbare Energie rauben, kannst Du Dich dem entspannten Fluß der natürlichen Konzentration überlassen, der sich in der Energie der Universalen Lebenskraft entfaltet. Um den Fluß zusätzlich zu fördern, kannst Du den ersten 21-Tage Plan dahingehend ergänzen, daß Du bei Deinen Fühlübungen das entsprechende Energiezentrum mit Reiki behandelst. Für den zweiten 21-Tage Plan empfehle ich, Deinem Herzen Reiki zu geben oder den Eingebungen des Augenblicks zu folgen.

Die Reiki-Einstimmungen sind für den erfolgreichen Abschluß des Programms keineswegs Voraussetzung. Reiki stellt jedoch eine kraftvolle Hilfe dar, die den Prozeß zusätzlich fördern kann.

Der erste 21-Tage Plan beschäftigt sich mit ähnlichen Problemen und Fragen wie der Erste Reiki-Grad. Wie der Erste Reiki-Grad, der Unausgewogenheiten auf einer eher körperlichen und emotionalen Ebene beseitigt, räumt auch der erste 21-Tage Plan die gröberen Hindernisse vor absoluter Erfüllung aus. Er hilft, Widerstand und Wunsch zu neutralisieren, die das Bewußtsein andernfalls in der abgeschlossenen Einfriedung der Dualität festhalten. Solange Du psychisch von der Polarität von Widerstand und Wunsch abhängst, wirst Du zwangsläufig von ihr hin- und hergeworfen; aufgrund Deines bewußten und unbewußten Widerstandes wirst Du Dir Deine Herzenswünsche nicht erfüllen und Dir doch trotzdem wünschen, was Du Deinem Gefühl nach niemals haben kannst. Indem Du Widerstand und Wunsch fühlst und Deine ungeteilte Bewußtheit auf sie richtest, kannst Du schließlich beide Pole auflösen. Wir durchbrechen die verschiedenen Ebenen des emotionalen Widerstands, der beide aufrechterhält, indem wir liebevoll und begeistert fühlen (sogar und vor allem die *negativen* Aspekte). Außerdem setzt Du Dich mit den fundamentalen Vorstellungen und Überzeugungen auseinander, die Dich an das Karussell von Widerstand und Wunsch gebunden haben, bis sie Dich immer weniger beeinflussen und schließlich ganz verschwinden. Dann verbringst Du fünf Minuten in Konzentration auf die Einstellung der Dankbarkeit, die Dich an die tiefe Erfüllung erinnert, die Dich Dein ganzes Leben begleitet hat.

Der zweite 21-Tage Plan hilft Dir, Deine Erfahrung der Fülle zu vertiefen und bringt Dich mit noch weitaus feineren Energien in Berührung. In seinem Verlauf konzentrierst Du Dich auf die WIRKLICHKEIT der Nicht-Dualität. In gewisser Weise projizierst Du Dich in den Bereich, in dem es keine Trennung mehr gibt. Die Intention des zweiten 21-Tage Plans zum *Leben aus der Fülle* läßt sich mit dem Zweiten Reiki-Grad vergleichen, der die Grenzen von Raum und Zeit überwindet und ein tieferes Gefühl der EINHEIT vermittelt. Weitere Übung wird Dich in der neuen Wirklichkeit des Paradox verankern, daß es zwar keine Ziele gibt, aber trotzdem unglaubliche (und unglaublich befreiende) Ergebnisse. Was auch immer Du tust, im Grunde fliegt es Dir zu, weil Du schon jetzt DAS bist. Für den gewöhnlichen Geist ist DAS Magie, in Wirklichkeit jedoch nur die praktische Anwendung der Gesetze der Nicht-Dualität.

Das 42-Tage Programm

Du brauchst ein paar einfache Richtlinien und die vier Faktoren von *Verlangen, Engagement, Beharrlichkeit* und *innere Distanz*, wenn Deine Beschäftigung mit den zwei 21-Tage Plänen zum *Leben aus der Fülle* (*Core Abundance*) Frucht tragen soll.

Verlangen ist der erste wichtige Faktor und gleichzeitig ein »heißes Eisen«. Auf der einen Seite möchtest Du alle Wünsche transzendieren oder schlicht und einfach aufgeben, die nicht wirklich aus Dir selbst kommen, sondern Dir durch Deine Konditionierung von außen eingepflanzt wurden. Auf der anderen Seite brauchst Du starkes Verlangen, damit Du die notwendigen Kräfte in Dir mobilisieren kannst, aus eben jener Konditionierung auszubrechen, die die Erfahrung des Mangels für Dich verewigt. Um Dich der vollen Präsenz der Energie der Lebenskraft zu öffnen, die Dir dank der Dir vorgegebenen Rolle zusteht, brauchst Du das echte Verlangen nach eben solcher Lebensfülle. Außerdem bringst Du bereits eine ganze Reihe von Wünschen mit, die Dich zu den Lektionen hinführen werden, die zu lernen Du auf diese Welt gekommen bist. Erwecke vor allem den Wunsch nach Freiheit. Ohne echtes Verlangen nach Freiheit bleibt Freiheit so gut wie unerreichbar. Deswegen: Erkenne Dein Verlangen. Fühle Dein Verlangen nach einem Leben in der Fülle des SELBST und mache weisen Gebrauch davon.

Der zweite Faktor ist *Engagement*. An jedem Punkt des Programms wird ein halbherziger Ansatz Deine Ergebnisse sabotieren. »Na gut, ich sollte das auch einmal ausprobieren. Ich werde ja sehen, ob mir das etwas bringt. Und wenn nicht, habe ich nichts verloren.«, ist eine Einstellung, die Dich sehr schnell am Ziel vorbeiführt. Mit einer solchen Einstellung wirst Du im Leben nichts erreichen. Du wirst niemals aufwachen und weder die harten Tatsachen Deiner gegenwärtigen Existenz erkennen noch die unbewußten Kräfte, die alle Deine Entscheidungen kontrollieren. Du wirst Deine jahrelange Konditionierung einfach nicht wahrnehmen. Wenn Du das Programm mit Energie anpacken und wirklich Nutzen daraus ziehen möchtest, geht das nur mit einer klaren Entscheidung, deren Bedingungen Du für Dich als bindend anerkennst.

In gewisser Weise gleichen diese Pläne allen anderen Plänen, die Du im Leben verwirklichen möchtest. Du machst einen Anfang und gibst Dir Dein Wort. Du erklärst: »Das ist so gut wie getan.« Sobald Du Dir selbst oder anderen gegenüber diese Verpflichtung eingehst, ist es wichtig, Dein Wort auch tatsächlich einzulösen. Wenn Du das nicht tust, untergräbst Du Deine Fähigkeit, Deine Ziele auch tatsächlich zu erreichen. Du vergeudest Deine Kraft. Schließlich machst Du Dich vor Dir selbst vollkommen unglaubwürdig, daß Du Dir kein Wort mehr glaubst – und wer sonst sollte an Dich glauben, wenn nicht Du?

Der dritte Faktor ist *Beharrlichkeit.* Sobald Du Dich festgelegt hast, mußt Du, damit Du das gewünschte Ergebnis erzielen kannst, beide 21-Tage Pläne abschließen, ohne auch nur einen einzigen Schritt auszulassen. Solltest Du an irgendeinem beliebigen Tag vergessen zu praktizieren, ist es wichtig, daß Du das gesamte Programm nochmals von vorn beginnst. Entscheidend ist, daß Du beide Pläne in ungebrochenem Fluß durchführst. Du mußt 42 Tage hintereinander daran arbeiten! Solltest Du auch nur einen Tag verpassen, ist der Erfolg nicht länger gewährleistet, denn dann ist der Schwung gebrochen, den Du unbedingt brauchst, wenn Du die Macht von Gewohnheit und Konditionierung durchbrechen willst. Die zwei Pläne bauen Schritt um Schritt aufeinander auf. Sobald Du einen Schritt ausläßt, fällst Du alle Stufen der Leiter herab, die Du bereits erklommen hattest.

Innere Distanz, der vierte Faktor, ist ebenfalls sehr wichtig. Distanziert bedeutet, daß Du Dich nicht an eine bestimmte Vorstellung klammerst, wie die grenzenlose Fülle des SEINS sich Deiner Meinung nach in Deinem Leben manifestieren soll. Voll bewußt, daß Du *nicht* versuchst, irgend etwas zu verändern, setzt Du Dein ganzes Vertrauen auf den Kosmos und läßt die Energie der Universalen Lebenskraft auf unendlich vielen verschiedenen Wegen für Dich sorgen. Innere Distanz ist widersprüchlich. Einerseits kannst Du Deine Ziele exakt formulieren. Du weißt genau, was Du willst: welche Art von Beziehung, welche Karriere, welches Einkommen, was für ein Haus und so weiter. Andererseits versteifst Du Dich *nicht* darauf, daß alles nach Plan geht. Du öffnest Dich der Möglichkeit zu empfangen, was Deine Vorstellungen sogar noch übertrifft. Es gibt einen guten Grund, warum Klarheit über Deine Wünsche sinnvoll ist, denn Klarheit wird Dich automatisch die richtige Energie ausstrahlen lassen, die Du benötigst, um Dein höchstes Ziel anzuziehen. Innere Distanz hingegen gewährleistet ein gewisses Vertrauen, und dieses versetzt Dich in die Lage zu empfangen, was Du empfangen möchtest. Distanziertheit öffnet Dich ganz natürlich und macht Dich empfangsbereit. Fülle fühlt sich zu Menschen hingezogen, die wissen, was sie haben, und nicht darauf bestehen, daß es auf einem ganz bestimmten Weg zu ihnen kommen muß.

Mit *Verlangen, Engangement, Beharrlichkeit* und *innerer Distanz* zu Deiner freien Verfügung, bist Du nun bereit, Dich in die zwei 21-Tage Pläne zu stürzen, die Deine Sicht Deines eigenen Lebens revolutionieren werden.

Der 21-Tage Plan zur Auflösung von Mangel

Wenn Du in Fülle leben möchtest, mußt Du die Überzeugungen konfrontieren, die Dich von jener Fülle trennen, die ein Aspekt Deines wahren Wesens ist. Du mußt ganz klar sehen, was Dich bisher daran gehindert hat, fortwährend in jenem fundamentalen Seinszustand zu verweilen, der Dein Geburtsrecht ist. Frage Dich: »Warum tue ich oft genau das Gegenteil von dem, was ich eigentlich tun wollte?« »Wie kommt es, daß mein Verlangen nach einer bestimmten Sache mich häufig noch länger im Zustand des Mangels hält?« »Warum sabotiere ich so oft meine besten Absichten und schade meinen eigenen Interessen?« »Wie kann ich Mangel auflösen?« Auf alle diese Fragen gibt es eine sehr einfache Antwort: Du fühlst Deine eigene Fülle nicht, und um erfüllt zu *sein*, mußt Du Dich zuerst erfüllt *fühlen*. Wenn wir uns erfüllt fühlen wollen, müssen wir uns als erstes mit unserem unbewußten Widerstand gegen die Fülle des Lebens auseinandersetzen, und wir müssen ferner die Wünsche in Betracht ziehen, die diesen Widerstand füttern und am Leben erhalten.

Die Wurzel unseres Problems ist unsere hilflose Verlorenheit in einem Bewußtsein, das ausschließlich mit Hilfe polarer Gegensätze operiert. Wahre Fülle transzendiert diese Polarität. Wahre Fülle ist eine Spielart des SEINS jenseits aller Polarität. Sie ist allumfassend und kann eine Befriedigung schenken, die spezifische Wesenheiten (wie Menschen oder Ereignisse) niemals schenken können. Im konditionierten Alltagsdasein ist der Geist hingegen vollkommen in polaren Gegensätzen verfangen, und aus eben diesem Grund kann er keine Fülle hervorbringen. Um uns den Zustand der Fülle zu eröffnen, müssen wir über die Grenzen unserer gewöhnlichen psychischen Konditionierung hinausgehen.

Du kannst einen ersten entscheidenden Schritt in diese Richtung tun, indem Du Deine »Verkopfung« aufgibst und Dich von Deinem Kopf »verabschiedest« (der Dich ohnehin nur weiter dazu zwingt, für alles eine Erklärung zu finden). Stattdessen konzentrierst Du Dich auf Dein Herz, denn darin sind die Gefühle gespeichert, die Dich mit all dem in Berührung bringen, was Du wirklich wissen mußt.

Die Inhalte der menschlichen Psyche (unsere Urteile, Überzeugungen und Überlebensspiele) errichten die Mauern, die den Genuß wahrer Fülle verhindern. Sie sind der Brutkasten des

Mangels. Trotzdem müssen wir deswegen nicht verzweifeln, denn alles hat seinen Grund. An einem Punkt in unserer Entwicklung, etwa in der Kindheit oder Jugend, haben wir genau diese Urteile und Überzeugungen für unser Überleben gebraucht, auch wenn sie jetzt das Gefühl des Mangels verlängern. Wann immer die innere Stimme kräftig genug ist, sind wir in der Lage, die Hindernisse auszuräumen, die wahrer Fülle im Weg stehen. Wir sind nicht für immer zur Beschränkung verdammt, denn Beschränkung ist nicht mehr als eine Lernhilfe und deswegen ihrem Wesen nach zeitlich begrenzt. Wir haben jederzeit die Möglichkeit, *voll begeistert* die Einstellung der Dankbarkeit zu entwickeln.

Begeisterung ist für die Auflösung des Haftens an unseren Urteilen, Überzeugungen, Emotionen und Erfahrungen äußerst wichtig. Wir alle wollen schmerzliche Erinnerungen oder bedrükkende Emotionen lieber vermeiden. Jedoch kristallisieren sich diese Gedankenformen im Körper und lassen sich nur im Zustand echter *Begeisterung* oder *Ekstase* auflösen. Bei einer Untersuchung machten die Forscher an der *Stanford* Universität in Kalifornien eine aufregende Entdeckung. Sie stellten fest, daß das menschliche Gehirn im Zustand der Begeisterung eine Reihe von chemischen Verbindungen ausschüttet, die Melanin-Proteine auflösen (welche dem Mechanismus von Reiz und Reaktion unterliegen). Wahrscheinlich kristallisiert und blockiert Melanin unsere Zellen jedes Mal, wenn wir ein Urteil fällen, das seinerseits verhindert, daß allumfassendes WISSEN durch uns hindurchfließen kann. Vielleicht unterscheiden sich erleuchtete und gewöhnliche Wesen nur in einer Hinsicht: Während die Zellen eines Erleuchteten für alles Wissen offen sind und Fülle durch sich hindurchfließen lassen, sind unsere eigenen Zellen von unseren Urteilen und Überzeugungen verstopft.

Gib Dich in den nächsten 21 Tagen begeistert in den Prozeß hinein. Fühle alle Deine Gefühle (ganz gleich ob positiv oder *negativ)* voll und ganz – mit Begeisterung. Jeden Tag gehst Du in drei Schritten durch eine simple Praxis. Du beschäftigst Dich (1) mit allen Spielarten Deines Widerstandes gegen Deine eigene Erfüllung; (2) mit den entsprechenden Wünschen, die Du in Dir spürst; und (3) mit der Entwicklung einer Einstellung der Dankbarkeit für die Fülle in sieben grundlegenden Lebensbereichen, die energetisch den sieben Hauptchakren entsprechen.

Wichtig ist, daß Du die sieben Schritte genau nach Anweisung durchführst. Du beginnst am ersten Tag für fünfzehn Minuten mit dem ersten Schritt, läßt am zweiten Tag für fünfzehn Minuten Schritt zwei folgen und so weiter, bis Du am siebenten Tag den ersten Zyklus abgeschlossen hast. Am achten Tag beginnst Du den zweiten Durchgang derselben sieben Schritte und am fünfzehnten Tag den dritten, bis am Tag 21 der erste Plan abgeschlossen ist. Am Tag 22 beginnst Du sofort mit dem zweiten *21-Tage Plan zu absoluter Erfüllung.*

Führe über die 42 Tage ein Tagebuch und verzeichne unmittelbar nach der Praxis alle Deine Gefühle und Reaktionen, wobei Du besondere Widerstände besonders hervorhebst. Nach Abschluß des 42-Tage Programms kannst Du dann gelegentlich die Schritte wiederholen, bei denen Du die stärksten Widerstände in Dir verspürtest. Auf diese Weise verhinderst Du in diesem Bereich einen Rückfall in das Massenbewußtsein der begrenzten Überzeugungen.

Um besser zu gewährleisten, daß Du keine Sitzung ausläßt, solltest Du jeden Tag dieselbe Zeit für die Übung reservieren. Ideal ist die Zeit am Morgen gleich nach dem Aufwachen, denn auf diese Weise gehst Du an den neuen Tag mit der Einstellung der Dankbarkeit und dem Gefühl großer Begeisterung heran.

Die Texte zu den Übungen des 42-Tage-Programms erscheinen in einem größeren Schrifttyp, der Dir beim Üben das Lesen erleichtern soll, damit Du die Übungen mühelos nachvollziehen und verinnerlichen kannst.

Texte und Kommentare zum ersten 21-Tage Plan

Schritt 1

(Tag 1, 8 und 15)

Erfahre die Gedanken und alle ihnen entspringenden Emotionen, die den Fluß der Fülle im ersten oder Wurzel-Chakra blockieren.

Sitze in bequemer Haltung, die Wirbelsäule aufrecht und doch entspannt, mit den Ohren über Deinen Schultern und den Schultern über den Hüften und

fühle für 5 Minuten voll und ganz
Deinen Widerstand gegen
die Fülle Deines Lebens.

Erfahre *voll begeistert* alle negativen Gedanken gegen diese Fülle, etwa: »Das Leben ist schwer.« Oder: »Man muß sich alles hart erarbeiten.« Oder: »Geld ist die Wurzel allen Übels.«

Erinnere Dich an Vorfälle, die die »Wahrheit« Deiner Überzeugungen bestätigt haben. Erfahre nun die daraus entspringenden Emotionen im ganzen Körper und dehne sie aus, bis sie sich auflösen.

Jetzt

fühle für 5 Minuten
alle Deine Wünsche nach den Dingen,
die Du in Deinem Leben haben möchtest.

Erfahre sie voll begeistert. Koste diese Erfahrung aus. Erinnere Dich an alle Deine Wünsche, all Dein Verlangen und alle Deine Ziele für die Zukunft. Erfahre nun im ganzen

Körper die Emotionen, die das Verlangen in Dir erweckt, und dehne sie aus, bis sie sich auflösen.

Schließlich
fühle für 5 Minuten
Dankbarkeit für den Reichtum,
der jetzt in Deinem Leben vorhanden ist.

Spüre tief in die Dankbarkeit für die Fülle hinein, die sich bereits in Deinem Leben manifestiert hat; die Dinge, die Dir gehören, Deine persönlichen Erfahrungen und Deine Freunde und Lieben. Sei *begeistert* dabei. Koste diese Erfahrung voll und ganz aus.

Wenn Du fertig bist, trage diese Einstellung der Dankbarkeit in Deine täglichen Aufgaben und Beschäftigungen hinein. Was auch immer Du an diesem wunderbaren und phantastischen Tag tust, laß es von Dankbarkeit berührt und durchdrungen sein.

Kommentar

Alle Probleme und Fragen von Reichtum und Fülle hängen unmittelbar mit Blockaden im Wurzelchakra zusammen, weil in diesem Energiezentrum GEIST und Materie zusammenkommen. Das Wurzelchakra hat mit physischer Manifestation zu tun. Am unteren Ende der Wirbelsäule gelegen, ist es die Hauptfunktion des Wurzelchakras, die Energie der Universalen Lebenskraft in physischer Form zu manifestieren und zum Ausdruck zu bringen. Es ist die »tragende Wurzel« (*mula*=Wurzel; *adhara*=das Tragende, Unterstützende), wie der Sanskritname für dieses Energiezentrum (*muladhara*) anklingen läßt. Wenn die Wurzel versagt, kann das gesamte System nicht richtig arbeiten, denn ohne tragende Unterstützung kann Fülle sich unmöglich entfalten.

Wir können diese Situation umkehren. Dazu brauchen wir nur unsere ganze Aufmerksamkeit auf alle unsere wirklichen Gedanken und Gefühle zu richten und sie an die Oberfläche kommen zu lassen. Indem wir unsere Gefühle anerkennen, verleugnen wir nicht länger unseren gewaltigen Widerstand gegen die Fülle des Lebens. Das Eingeständnis unserer wahren Gefühle löst diesen Widerstand auf, und wir befreien uns von der Neigung, uns im Existenzkampf zu verbeißen.

Indem wir dann unsere Wünsche voll und ganz fühlen, nehmen wir sie schließlich an und neutralisieren die Schlingen, mit denen sie unser Bewußtsein fesseln. Wir können nun für die durch uns strömenden Herzenswünsche einstehen, weil wir wissen, daß sie uns zu den Lektionen führen werden, die zu lernen wir auf diese Erde kamen. Gleichzeitig sind wir uns der mit diesen Wünschen verbundenen Gefahr bewußt: wenn wir nicht gut aufpassen, werden wir uns mit ihnen zu identifizieren beginnen. Einerseits sind sie für unsere Entwicklung so wichtig wie die Luft, die wir atmen; sobald wir an ihnen *haften*, werden sie uns aber andererseits zweifellos in Leid verstricken.

Schließlich lösen wir uns aus dieser Gegensatzspannung, indem wir Widerstand und Wunsch in der Dankbarkeit für die Fülle auflösen, die bereits unser eigen ist. Die Einstellung der Dankbarkeit zerstreut alle Gefühle der Angst oder Bedürftigkeit. Damit ist Dankbarkeit der perfekte Ausdruck natürlicher Fülle.

Indem wir energetisch gleichermaßen Widerstand und Wunsch für die Fülle unseres Lebens spüren, legen wir das Fundament, auf dem diese Fülle sich von selbst manifestieren kann. Wir öffnen uns der Weisheit des Nichtstrebens. Wir sind in der Lage, freudig anzunehmen, was das Leben uns anbietet, weil wir nun direkt erfahren können, daß das Leben sich erst durch das Bewußtsein, das wir sind, zum Dasein entfaltet.

Schritt 2

(Tag 2, 9 und 16)

Erfahre die Gedanken und alle ihnen entspringenden Emotionen, die den Fluß der Fülle im zweiten oder Nabel-Chakra blockieren.

Sitze in bequemer Haltung, die Wirbelsäule aufrecht und doch entspannt, mit den Ohren über Deinen Schultern und den Schultern über den Hüften und

fühle für 5 Minuten voll und ganz
Deinen Widerstand gegen Sex und
dagegen, Deine Gefühle offen zu zeigen.

Erfahre *voll begeistert*, wie schwer es Dir fällt, Sex wirklich zu genießen, bewußt und tief mit Deinem Partner und Deinen eigenen Gefühlen verbunden. Spüre in Deine Ängste vor Deinen eigenen Gefühlen hinein und in die Angst, die mit dem Ausdruck Deiner Gefühle verbunden ist.

Erinnere Dich an Vorfälle, die diese Gefühle für Dich hervorrufen und verstärke sie bewußt. Erfahre nun die daraus entspringenden Emotionen im ganzen Körper und dehne sie aus, bis sie sich zerstreuen.

Jetzt

fühle für 5 Minuten
Dein Verlangen nach Sex und Deinen Wunsch,
zu fühlen und Deine Gefühle zum Ausdruck zu
bringen.

Koste diese Erfahrung aus, voll *begeistert.* Erinnere Dich, wie Dein Verlangen nach Sex Dich jeden Tag verfolgt. Untersuche darüber hinaus besondere Vorkommnisse, als Du Dir sehnlichst gewünscht hast, Deine Gefühle mitzuteilen, jedoch gehemmt warst. Erfahre im ganzen Körper, was Du damals gefühlt hast, bis es sich zerstreut.

Schließlich
fühle für 5 Minuten
Dankbarkeit für alle sexuellen Erfahrungen,
die Du in Deinem Leben machen konntest,
selbst jene, die Du als »negativ« bezeichnen würdest.

Erfahre auch die Freude herzlicher und inniger Nähe in jenen Momenten, in denen Du Dich dem anderen wirklich mitteilen konntest. Spüre tief in die Dankbarkeit für alle Deine bisherigen sexuellen Erfahrungen hinein, in Deine Gefühle und in die Art und Weise, auf die Du sie zum Ausdruck gebracht hast.

Wenn Du fertig damit bist, erfülle Deine Gefühle und ihren Ausdruck mit der Einstellung der Dankbarkeit. Wenn auch immer Du an diesem wunderbaren und phantastischen Tag fühlst oder Gefühle zeigst, laß sie von Dankbarkeit berührt und durchdrungen sein.

Kommentar

Alle sexuellen Probleme und Fragen zum Gefühl und Gefühlsausdruck hängen auf die eine oder andere Weise mit Blokkaden in diesem Energiezentrum zusammen, weil sich in ihm das Wasserelement entfalten soll. Also reguliert das Nabel- oder Bauch-Zentrum die Gefühle, vor allem die sexuellen und Beziehungsgefühle. Sind die Gefühle blockiert, büßen wir den natürlichen Fluß unserer Kreativität ein.

Das Leben begann im Wasser. Wenn die Wasser des Lebens nicht harmonisch und ausgeglichen fließen, gerät das Leben selbst in Gefahr, und natürliche Fülle findet keinen Weg, sich durchzusetzen. Darüber hinaus symbolisiert das Wasserelement Reinigung und Läuterung. Wenn echt und unschuldig wie bedingungslose Liebe, hat Sex eine reinigende Wirkung und fördert ein Leben in Fülle. Dasselbe gilt auch für andere Gefühle. Als authentischer Ausdruck der Energie der Lebenskraft waschen sie verhärtete Emotionen und andere Kräfte der Stagnation fort.

Damit echte Gefühle entstehen und in unserem Leben Ausdruck finden können, können wir lernen, still zu werden und zu lauschen. Wir können zwischen der wahrhaftigen Leichtigkeit tiefer Gefühle und der fordernden und drängenden Bedürftigkeit der Emotionen unterscheiden lernen, die auf Gedanken oder Überzeugungen des Mangels zurückgehen. Infolge ihrer Bedürftigkeit wirft jede Emotion hohe Mauern des Widerstands auf und verhindert die sexuellen oder anderen Gefühle, nach denen wir uns sehnen. Wenn wir uns dann jedoch ehrlich und tief auf unser Gefühl des Widerstands gegen Sex oder echtes Fühlen einlassen, trägt unsere bewußte Aufmerksamkeit zur Auflösung des Widerstandes bei.

Widerstand und Wunsch nach Sex und echtem Fühlen erzeugen am Ende ein Ungleichgewicht im endokrinen System, welches sich seinerseits in Gestalt scheinbar endloser psychologischer Schwierigkeiten in allen unseren Beziehungen manifestiert.

Alle diese Schwierigkeiten spiegeln emotionale Muster in uns wider, die bis jetzt unbewußt und unerkannt geblieben sind. Indem wir sie voll und ganz zuerst als Widerstand und dann als Wunsch erfahren, können wir uns schließlich aus ihrer Umklammerung befreien und der Möglichkeit einer echten Beziehung öffnen.

Schritt 3

(Tag 3, 10 und 17)

Erfahre die Gedanken und alle ihnen entspringenden Emotionen, die den Fluß der Fülle im dritten oder Solarplexus-Chakra blockieren.

Sitze in bequemer Haltung, die Wirbelsäule aufrecht und doch entspannt, mit den Ohren über Deinen Schultern und den Schultern über den Hüften und

fühle für 5 Minuten voll und ganz
Deinen Widerstand gegen
Deine eigene Kraft und Weisheit.

Erfahre *voll begeistert,* wie schwer es Dir fällt, bei Deiner eigenen Kraft und Weisheit zu verweilen und alle Ängste, die mit ihrer Durchsetzung verbunden sind. Bedenke außerdem, wie häufig Du die Wendungen: »Ich weiß.« oder: »Ich weiß nicht.« gebrauchst.

Erinnere Dich an Deine Wut gegen alle, die Dich kontrollieren wollten und an die Momente, in denen Du andere kontrolliert und Dich über sie hinweggesetzt hast. Erfahre nun die daraus entspringenden Emotionen im ganzen Körper und dehne sie aus, bis sie sich zerstreuen.

Jetzt

fühle für 5 Minuten
Deinen tiefen Wunsch, die eigene Kraft
und Weisheit zum Ausdruck zu bringen.

Erfahre diesen Wunsch voll *begeistert* und koste seine Erfahrung aus, indem Du tief in Dir das Verlangen spürst, mit Deiner eigenen inneren Kraft und Weisheit in Berührung zu kommen. Erinnere Dich an Vorfälle, als Du Dir Deiner eigenen Fähigkeiten nicht sicher warst. Erfahre nun im ganzen Körper die Emotionen, die dies in Dir erweckt, und dehne sie aus, bis sie sich zerstreuen.

Schließlich
fühle für 5 Minuten
alle Erfahrungsmomente,
in denen Du in Deinem Leben
Deine eigene Kraft und Weisheit durchgesetzt hast.

Spüre tief in die Dankbarkeit für die bisherigen Erfahrungen hinein, für die Kraft und Weisheit, die Du gehabt hast, und die Art und Weise, auf die Du sie zum Ausdruck bringen konntest.

Wenn Du fertig damit bist, bringe die Einstellung der Dankbarkeit jeden Tag in den Ausdruck Deiner Kraft und Weisheit ein. Laß die Einstellung der Dankbarkeit Dich tief berühren, wann immer Du im Laufe des Tages Deine Kraft und Weisheit fühlst oder zum Ausdruck bringst.

Kommentar

Alle Probleme mit Kraft und Weisheit hängen besonders mit Blockaden in diesem Energiezentrum zusammen, weil im Solarplexuschakra unsere »innere Sonne« (unser inneres Kraftzentrum) erstrahlen soll. Das Solarplexuschakra nährt sowohl den feinstofflichen als auch den physischen Körper.

Hier beginnt die Energie der Universalen Lebenskraft mit der äußeren Welt in Wechselwirkung zu treten. Deswegen dürfen wir in diesem Zentrum den Willen zu Ausformung und Gestaltung anerkennen. Er braucht viele verschiedene Möglichkeiten des Ausdrucks. Wir können also leicht erkennen, wie Blockaden in diesem Zentrum automatisch den Fluß der Fülle in unserem Leben unterbrechen.

Um in Fülle zu leben, setzen wir die maskuline Qualität schierer Entschlossenheit ein. Wir brauchen aber auch die weibliche Qualität der Verwirklichung unserer tiefen Herzenswünsche durch freudiges Annehmen, damit wir in unserem Leben Fülle und Vollkommenheit erfahren können. Beide Qualitäten sind Eigenschaften des Solarplexuschakra. Gemeinsam helfen sie uns bei der Vollendung der Transformation, denn sie lassen uns klug und mit Selbstvertrauen handeln.

Je mehr Energie ganz natürlich durch das Solarplexuschakra fließen darf, desto größer ist unsere Fähigkeit, das Leben mit der uns eigenen Kraft und Weisheit anzugehen. Hinzu kommt, daß wir der eigenen und der Kraft und Weisheit anderer um so weniger Widerstand entgegensetzen, je offener wir unsere eigene Kraft und Weisheit zum Ausdruck bringen.

Um aus der scheinbaren Sackgasse der Unfähigkeit zu eigener Kraft und Weisheit auszubrechen, brauchen wir nur genügend Mut für die Begegnung mit unseren wahren Gefühlen aufzubringen. Wir können bereit sein, unseren Widerstand gegen unsere eigene Kraft und Weisheit voll *begeistert* zu erfahren.

Der Widerstand ist schnell gefunden. Er zeigt sich in dem

Bedürfnis nach Herrschaft und Manipulation und in dem fast schon verzweifelten Drang nach Anerkennung und materiellem Gewinn, der genau das Gegenteil des eigentlich Angestrebten erreicht. Wer seine Handlungen darauf anlegt, alles zu kontrollieren, wird am Ende selbst total kontrolliert. Wie der taoistische Weise Dschuang Dsi sinngemäß sagte: »Wer nach einem (emotional bestimmten) Plan vorgeht, stellt sich der Welt zur Verfügung und erleidet Mangel. Wer ohne (emotionale) Verstrickung handelt, hat alle Welt für sich verfügbar und genießt Fülle.«

Im zweiten Teil der Übung akzeptieren wir unser Verlangen nach unserer eigenen Kraft und Weisheit. Dieses Verlangen kommt einem Herzenswunsch gleich und motiviert uns. Es treibt die Evolution voran. In jedem Leben gibt es einmalige Gelegenheiten und wichtige Wegscheiden, an denen wir unserem Herzenswunsch folgen müssen. Für seine Daseinsberechtigung muß unser Wunsch nicht unbedingt »spirituell« sein, denn jedes Verlangen führt über seine eigenen Begrenzungen hinaus, wenn es wirklich mit dem Herzen gefühlt wird.

Auf diese Weise verwandelt sich Dein Wunsch in Hingabe, wenn nur das Herz dabei ist. In echter Hingabe gibt es kein Tun mehr und auch keine Läuterung des Tuns. Wie H.W.L. Poonja sagt: »In wahrer Hingabe vertraust Du Dich dem Höchsten an. Du tust nichts weiter, als Dich dem Höchsten anzuvertrauen, das sich wie auch jetzt schon um alles kümmern wird.«

In solcher Hingabe wird ein Überfluß an Kraft und Weisheit freigesetzt, aber es ist niemand da, der für sich in Anspruch nimmt: »Das ist meine Leistung, das habe ich fertiggebracht.« Ein erster Schritt in diese Richtung ist, daß Du für alle Momente der Kraft und Weisheit in Deinem Leben dankbar bist, auch wenn es letzten Endes keine Folge von Schritten gibt, die zu wahrer Fülle führen. Die Fülle von Kraft und Weisheit ist bereits hier. Du darfst Dich ihr anvertrauen und sie mit den eigenen Sinnen erleben.

Schritt 4

(Tag 4, 11 und 18)

Erfahre die Gedanken und
alle ihnen entspringenden Emotionen,
die den Fluß der Fülle
im vierten oder Herz-Chakra blockieren.

Sitze in bequemer Haltung, die Wirbelsäule aufrecht und doch entspannt, mit den Ohren über Deinen Schultern und den Schultern über den Hüften und

fühle für 5 Minuten voll und ganz
Deinen Widerstand gegen bedingungslose Liebe
und spüre allen Gefühlen nach, die Dir sagen,
daß Du nicht wert bist, Liebe zu empfangen.

Erfahre *voll begeistert*, wie schwer es ist, bedingungslose Liebe zu erfahren und wie groß Deine Angst ist, bedingungslos zu lieben.

Erinnere Dich an Vorfälle in Deinen Beziehungen, als Du aus Angst vor Deiner eigenen Verwundbarkeit den anderen zurückgestoßen hast. Erfahre nun die daraus entspringenden Emotionen im ganzen Körper und dehne sie aus, bis sie sich zerstreuen.

Jetzt

fühle für 5 Minuten
Dein Verlangen nach Bestätigung und Anerkennung,
Deinen Wunsch nach bedingungsloser Liebe.

Koste diesen Wunsch aus, voll *begeistert.* Spüre deutlich Dein Bedürfnis nach Bestätigung und wie sehr Du Dich nach der Erfahrung wahrer, bedingungsloser Liebe sehnst.

Schließlich
fühle für 5 Minuten
alle Momente, in denen Du
in Deinem bisherigen Leben
wahre und bedingungslose Liebe erfahren durftest.

Empfinde tiefe Dankbarkeit für Deine bisherigen Erfahrungen bedingungsloser Liebe, für alle Augenblicke, in denen Liebe gegeben oder empfangen wurde ohne Hintergedanken oder die Überlegung: »Was bringt mir das?«

Wenn Du damit fertig bist, bringe die Einstellung der Dankbarkeit ein, wann immer Du Liebe fühlst oder zum Ausdruck bringst. Laß Dich von der Einstellung der Dankbarkeit berühren, wann immer Du im Laufe des Tages Liebe fühlst oder zum Ausdruck bringst.

Kommentar

Wir erleben augenblicklich eine Epoche in der Geschichte unseres Planeten, in der unvorstellbare Mengen an Liebesenergie auf uns einströmen und uns der Einheit der Schöpfung öffnen. Diese Liebesenergie braucht ein offenes Herz. Nur so läßt sie sich ohne Schmerz erfahren. Stößt sie hingegen auf ein verschlossenes Herz, kommt diese gegenwärtig die Erde sättigende überschüssige Liebesenergie in Aufruhr, Konflikt und Krankheit zum Ausdruck. Die vielen um den gesamten Globus verstreuten Bürgerkriege zeigen, daß wir noch nicht offen genug sind, die Fülle der Liebe zu empfangen, die nun ins Leben der Erdfamilie einströmen möchte. Krankheiten von Herz und Immunsystem sind ein weiteres Anzeichen der heilenden Krisis, die wir kollektiv durchmachen. Auch sie veranschaulichen unseren Widerstand gegen die Liebe, und dieser Widerstand läßt sich am leichtesten dann auflösen, wenn wir ihn wirklich zur Kenntnis nehmen.

Ohne Liebe gibt es keine Fülle. Das vierte Chakra repräsentiert die Mitte der sieben feinstofflichen Energiezentren. In gleicher Weise ist die Energie der Liebe die zentrale Energie des Kosmos. Wenn Du Liebe in Hülle und Fülle erfahren möchtest, zeige zuerst die Bereitschaft, Deinen ganzen Widerstand gegen die Liebe zu fühlen. Gehe tief in all Deine Gefühle der Unwürdigkeit hinein, Dein tiefes Bedürfnis nach Bestätigung und alle Vorstellungen, mit denen Du jede Liebe zunichte machst. Untersuche Deine Angst vor der eigenen Verwundbarkeit, Deine Befürchtungen, daß Du schwer verletzt werden könntest, sobald Du Dein Herz wirklich öffnest. Spüre, wie verwirrt und peinlich berührt Du sein kannst, wenn Du wahrer Liebe begegnest. Erkunde die damit verbundenen Gefühle der Fremdheit, Behinderung und seltsam unerklärlichen Gefahr. Fühle, wie Du Liebe abweist und Dich dann nach ihr verzehrst, weil Du nicht wagst, Dich der Liebe zu öffnen.

Bist Du einmal offen genug, Deinen Widerstand und Wunsch nach Liebe gleichermaßen zu fühlen, wird sich wahre, bedingungslose Liebe von selbst offenbaren. Du wirst die Liebe aus unmittelbarer Nähe kennen. Liebe *widerfährt* Dir dann nicht. Du bist nicht von äußeren Quellen abhängig, die Dir die Liebe in Portionen zuteilen, weil Du durch Dein Gefühl der Liebe erkennst, daß Du die QUELLE grenzenloser Liebe *bist*.

Alle Probleme mit wahrem und echtem Mitgefühl mit den fühlenden Wesen, ja allen fühlenden Erscheinungen des Kosmos, hängen unmittelbar mit der Öffnung dieses Energiezentrums zusammen, weil hier die mehr »physischen« und »emotionalen« Kräfte der »niederen« Energiezentren auf die »verfeinerten« Kräfte der »höheren« Energiezentren treffen.

Wo immer eine solche Vermählung von »Höherem« und »Niederem« stattfindet, kommt wahre, bedingungslose Liebe zur Entfaltung, die alle Aspekte des SEINS umfasst und durchdringt und dabei das »Weltliche« in »Göttliches« verwandelt. Wo früher Urteile vorherrschten, herrscht nun freudiges Annehmen, in Zusammenwirken mit verfeinerten Fähigkeiten der Wahrnehmung und Unterscheidung.

Negative Emotionen können sich nicht gegen die Liebe durchsetzen. Sobald Du liebevoll auf Deine Wut, Verzweiflung oder Trauer eingehst, sie voll und ganz fühlst, zerstreuen sie sich sehr schnell, wie in Luft aufgelöst. Heilung beginnt, wenn Du Deine Krankheit für die Botschaft oder Lektion liebst, die sie Dir überbringt.

Indem Du Wunsch und Widerstand nach Liebe und Anerkennung fühlst und dankbar bist für die Momente der Liebe, die Du in Deinem Leben erfahren durftest, wirst Du Dich schließlich der Gegenwart bedingungsloser Liebe öffnen. Bedingungslose Liebe ist die höchste Form der Fülle und darüber hinaus ausgesprochen heilwirksam, denn Liebe ist die lebensfreudigste Seinsqualität, die es gibt.

Schritt 5

(Tag 5, 12 und 19)

Erfahre die Gedanken und alle ihnen entspringenden Emotionen, die den Fluß der Fülle im fünften oder Kehl-Chakra blockieren.

Sitze in bequemer Haltung, die Wirbelsäule aufrecht und doch entspannt, mit den Ohren über Deinen Schultern und den Schultern über den Hüften und

fühle für 5 Minuten voll und ganz
Deinen Widerstand
gegen echte Kommunikation.

Erfahre *voll begeistert*, wie schwer es Dir fällt, Deine Wahrheit mitzuteilen.

Erinnere Dich an Vorfälle aus der letzten Woche, als Du Deine Wahrheit nicht zum Ausdruck gebracht hast, entweder durch Verschweigen oder durch eine Lüge. Fühle die Konsequenzen in Deinem ganzen Körper und dehne das Gefühl aus, bis es sich zerstreut.

Jetzt

fühle für 5 Minuten
Dein Verlangen
nach echter Kommunikation.

Koste diese Erfahrung aus, voll *begeistert.* Fühle, wie sehr Du Dich nach echter Kommunikation sehnst. Spüre die Erleichterung, die Du fühlen würdest, wenn Du nur endlich Deine Wahrheit aussprechen könntest.

Stelle Dir die Menschen vor, denen Du Deine wahren Gefühle offenbaren möchtest. Stelle Dir vor, Du tust es tatsächlich. Erfahre nun die davon ausgelösten Emotionen im ganzen Körper und dehne sie aus, bis sie sich zerstreuen.

Schließlich
ziehe für 5 Minuten
alle Augenblicke Deines Lebens in Betracht,
in denen Du Deine Wahrheit
mitteilen konntest und mitteilen wirst.

Empfinde Dankbarkeit für alle Deine vergangenen, gegenwärtigen und zukünftigen Erfahrungen mit echter Kommunikation.

Wenn Du fertig damit bist, erfülle jede Kommunikation mit der Einstellung der Dankbarkeit. Laß Dich von der Einstellung der Dankbarkeit berühren, wann immer Du im Laufe des Tages Deine wahren Gefühle mitteilst.

Kommentar

Kommunikationsschwierigkeiten sind vor allem mit Blockaden in diesem Energiezentrum verbunden, weil die Kehle der Sitz der menschlichen Stimme ist. Das Kehlchakra hat eine Brükkenfunktion; es verbindet den Kopf mit dem Rumpf und versetzt Dich in die Lage, mit Deiner Stimme Deine Vorstellungen und inneren Gefühle mitzuteilen.

Zuerst gestehe Dir Deinen Widerstand gegen echte Kommunikation ein, damit Du eine Fülle der Wahrheit zulassen kannst. Versuche, Dich an Momente zu erinnern, in denen Du nicht mit der Sprache heraus wolltest, in denen Du nicht sagen wolltest, was Dich bewegte, das Gefühl, die Feststellung oder den seelischen Zustand verschweigend, die Dich damals treffend zum Ausdruck brachten. Erfahre Deinen Widerstand gegen Deine eigene Wahrheit. Erinnere Dich an Deine schwache, ausweichende Stimme, Deine Vermeidung von Augenkontakt. Denke an die kleinen Lügen, die Dir durch den Kopf gingen.

Beobachte, wen Du schützt. Was verbirgst Du vor dem anderen? Du versuchst nicht, den Widerstand zu vertreiben. Du bist nicht auf eine vorgefertigte, konfektionierte »Wahrheit« aus. Lausche einfach für fünf Minuten in den Widerstand gegen Deine eigene innere Stimme hinein.

In einem uralten indischen Gebet kommt die Reinheit wahrhaftiger Kommunikation sehr schön zum Ausdruck: » ...Ätherelement, Ursprung des Himmels, kristallgleich, makellos und ohne Fehl, in deiner Schönheit und deinem anmutigen Fluß erglänzt die Welt wie silbriges Mondlicht, das die Dunkelheit vertreibt.« Sobald Du Deine Kommunikation als Geste der Energie der Universalen Lebenskraft erfährst, bist Du in der Lage, das Wissen des Herzens zu offenbaren, und weil das Wissen des Herzens Deine ureigene Wahrheit ist, kommunizierst Du nichts als Wahrheit.

Echte Kommunikation kann sich nur entfalten, wenn Du zuzuhören verstehst. Zuhören lernst Du, indem Du auf die Gewohnheiten und Neigungen achtest, die verhindern, daß Du nicht einmal Deine eigene innere Stimme vernehmen kannst. Sobald Du mit der Wahrheit als Deiner QUELLE übereinstimmst, wird es Dir leichtfallen, sie in angemessener Form auszusprechen – im richtigen Moment, in der richtigen Weise.

Kommunikation ist ein wichtiger Faktor zur Manfestierung materieller Fülle. Wenn wir unsere Absichten aus wahrem SELBST formulieren, reagiert der Kosmos sofort darauf. Außerdem ist auf der physischen Ebene unser Reichtum die unmitttelbare Folge unseres Zusammenspiels mit unseren Mitmenschen. Auch wenn andere niemals die eigentliche Quelle unserer Fülle sein können (nur wahres SELBST kann diese QUELLE sein), bestimmt die lockere und entspannte Kommunikation der Fülle, die wir unserem Wesen nach sind, die Leichtigkeit und den Umfang ihrer tatsächlichen physischen Manifestierung.

Indem wir also auf unseren Widerstand, unseren Wunsch und unsere Dankbarkeit für die Fähigkeit zu echter Kommunikation eingehen, öffnen wir uns damit einem natürlichen Fluß der Fülle in unserem Leben.

Schritt 6

(Tag 6, 13 und 20)

Erfahre die Gedanken und alle ihnen entspringenden Emotionen, die den Fluß der Fülle im sechsten Chakra oder »dritten Auge« blockieren.

Sitze in bequemer Haltung, die Wirbelsäule aufrecht und doch entspannt, mit den Ohren über Deinen Schultern und den Schultern über den Hüften und

fühle für 5 Minuten
Deinen Widerstand
gegen Dein inneres WISSEN.

Koste voll *begeistert* aus, wie schwer es Dir fällt, Deiner Intuition zu vertrauen und fühle klar und deutlich alle Ängste, mit denen Du auf die Führung durch Deine innere Stimme reagierst.

Erinnere Dich an bestimmte Vorfälle, bei denen Du Dir im nachhinein gewünscht hast, Du wärst Deinem ersten Impuls gefolgt. Erfühle die daraus entstehenden Emotionen im ganzen Körper und dehne sie aus, bis sie sich zerstreuen.

Jetzt

Spüre für 5 Minuten
Deinen Wunsch nach innerem WISSEN.

Laß Dich voll begeistert in diesen Wunsch fallen; fühle klar und deutlich Dein Verlangen nach innerem WISSEN – wie sehr Du auf Deine Intuition vertrauen und eins mit ihr werden möchtest.

Erfahre dieses Gefühl im ganzen Körper und dehne es aus, bis es sich zerstreut.

Schließlich

empfinde für 5 Minuten Dankbarkeit
für alle Momente Deines Lebens
als Du offen wie ein Kanal
warst, bist und sein wirst
und alles WISSEN durch Dich hindurchströmt.

Sei dankbar für alle Deine vergangenen, gegenwärtigen und zukünftigen Erfahrungen mit innerem Wissen.

Wenn Du damit fertig bist, versuche die Einstellung der Dankbarkeit in alle Deine intuitiven Wahrnehmungen einzubringen.

Kommentar

Alle Fragen der Intuition und des inneren WISSENS hängen besonders mit diesem Energiezentrum zusammen, weil mit dem sogenannten »Dritten Auge« die fünf Sinne gemeinsam mit dem »sechsten Sinn« der Bewußtheit alle »äußeren« und »inneren« Welten durchdringen. Dieses Chakra ist das »Weisheitsauge« jenes inneren WISSENS , das eine großzügigere und kontinuierlichere Beteiligung an der Entfaltung des Lebens ermöglicht.

Inneres WISSEN, Intuition und unmittelbare Bewußtheit sind die Samen der Manifestation. Deswegen hat man mit diesem Zentrum seit uralter Zeit die Fähigkeit zur Manifestation von Objekten und Ereignissen verbunden, einschließlich der Fähigkeit, Gegenstände zu materialisieren und/oder zu entmaterialisieren.

In der Energie unmittelbarer Bewußtheit liegt die Kraft, neue Wirklichkeiten hervorzubringen oder jene Strukturen aufzulösen, die die Grundlage der uns bekannten Wirklichkeit sind. Unmittelbare Bewußtheit kann die Gesetze der klassischen Newtonschen Physik aufheben.

Im Sanskrit heißt dieses Energiezentrum *Ajna-Chakra*, und dies bedeutet in etwa »Kommandozentrale«. Das »Dritte Auge« beherrscht und steuert die gewöhnlicheren Wirklichkeitsebenen, die vom Wurzel-, Nabel-, Solarplexus-, Herz- und Kehlchakra symbolisiert werden. Die einer »Kommandozentrale« ähnliche Funktion kommt durch die enge Verbindung zwischen diesem Energiezentrum und der Hirnanhangdrüse zum Ausdruck. Obwohl generell mit der Zirbeldrüse assoziiert, ist das »Dritte Auge« ebenfalls eng mit der Hirnanhangdrüse verbunden, und diese reguliert das gesamte endokrine System, das seinerseits die physiologische Entsprechung der übrigen Chakras darstellt.

Im Sinne der Öffnung von Erfahrungsbereichen »hier«, die nach dem gewöhnlichen Verständnis »nicht in diesen Raum und diese Zeit gehören«, verweist die Fülle an Intuition und innerem WISSEN auf die inhärente Einheit aller Dinge in wahrem SELBST und versinnbildlicht diese. Deswegen zeigt das Ausmaß unserer Intuition und unseres inneren WISSENS , wie sehr (oder wie wenig) wir mit wahrem Wesen in Verbindung stehen; je mehr wir mit ihm in Berührung sind, desto mehr WISSEN kann durch uns hindurchfließen und sich durch uns manifestieren.

Ein Wort der Klarstellung: der Prozeß der Öffnung zu mehr und mehr durch uns hindurchströmendes WISSEN läßt sich nicht kontrollieren wie die Ansammlung, Speicherung und Manipulation von Informationen durch das »Ich«. Vielmehr kommt dieser Prozeß durch eine plötzliche oder allmähliche Hingabe an das WISSEN zur Vollendung, das schon immer da gewesen ist. Diese Hingabe geschieht auf sanfte Weise und schützt uns damit automatisch gegen jede Überwältigung durch »telepathische« Wahrnehmungen. Unsere Intuition zeigt uns genau das, was wir in einem gegebenen Augenblick wissen müssen. Deswegen brauchst Du für sie auch nichts besonderes zu tun; nicht einmal gegen sie schützen mußt Du Dich.

Da Intuition immer verfügbar bleibt, ist zur Erschließung ihres Potentials nur eines zu »tun«: spüre Deinen Widerstand und Dein Verlangen und nimm dankbar an, was Dir bereits gegeben wurde. Die Fähigkeit der Intuition ist Dir angeboren und daher Dein Geburtsrecht. Mit ihrer Hilfe kannst Du unermeßliche Fülle erfahren, indem Du die Grenzen dessen ausdehnst und transzendierst, was Dir »als wahr zu nehmen« einprogrammiert wurde.

Schritt 7

(Tag 7, 14 und 21)

Erfahre die Gedanken und alle ihnen entspringenden Emotionen, die den Fluß der Fülle im siebenten oder Scheitel-Chakra blockieren.

Sitze in bequemer Haltung, die Wirbelsäule aufrecht und doch entspannt, mit den Ohren über Deinen Schultern und den Schultern über den Hüften und

fühle für 5 Minuten
all Deinen Widerstand
gegen wahres SELBST.

Erfahre *mit wahrer Begeisterung*, wie schwer es Dir fällt, Dich wahrem SELBST hinzugeben. Spüre Deine Angst, wahres SELBST den Gang Deines Lebens bestimmen zu lassen.

Erinnere Dich an Vorfälle, als Du göttlichen Beistand gebraucht hättest, aber aufgrund Deiner Überzeugungen nicht wahrnehmen konntest, daß er bereits in Dir vorhanden war. Erfahre Dein Bedürfnis nun im ganzen Körper und dehne es aus, bis es sich zerstreut.

Jetzt

fühle für 5 Minuten
Dein Verlangen nach wahrem SELBST.

Erfahre Dein Verlangen *mit wahrer Begeisterung* und spüre voll und ganz, wie sehr Du Dir Erleuchtung wünschst; wie sehr du damit eins werden möchtest.

Werde Dir Deiner Neigung bewußt, mehr Erkenntnis oder Erfahrung außerhalb von Dir zu finden. Erinnere Dich an besondere Beispiele für diese Neigung, erfahre sie im ganzen Körper und dehne sie aus, bis sich das Gefühl zerstreut.

Schließlich
fühle für 5 Minuten
die Einstellung der Dankbarkeit
für die Erleuchtung,
die Du bereits bist.
Empfinde tiefe Dankbarkeit für alle vergangenen, gegenwärtigen und zukünftigen Erleuchtungserfahrungen.

Wenn Du damit fertig bist, brauchst Du nicht einmal mehr zu versuchen, diese Einstellung der Dankbarkeit in die Art und Weise zu tragen, mit der Du jeden Tag Deines unendlichen Lebens Erleuchtung lebst. Sei einfach, was Du bist, denn außer wahrem SELBST nimmst Du niemanden und nichts wahr, dem Du danken könntest.

Kommentar

Alle Fragen der Erleuchtung hängen besonders mit diesem Energiezentrum zusammen, weil es im sogenannten Scheitelchakra weder Form noch Gestalt gibt, sondern nur unendliches und nicht-manifestiertes göttliches SEIN.

Über Erleuchtung läßt sich nicht viel sagen. Bei einer Gelegenheit schwieg der Buddha, lächelte und hob eine Blüte hoch. Nur ein Schüler verstand die Botschaft, und dies war der Ursprung der Zen-Übertragung.

Letztlich ist dieser vollendete Zustand allein im menschlichen Herz zu vergegenwärtigen, wo das falsche »Ich« endgültig aufgelöst wird – wo nur Erleuchtung *ist*, keine Psyche, kein Geist, keine Gedanken.

Einer meiner Lehrer teilte diese wunderbare Geschichte über einen seltenen Mann mit mir. Dieser Mann war frei von psychischer Programmierung und Gedanken und beschloß eines Tages, unter einem Baum ein kleines Nickerchen zu halten. Als er eine Stunde später aufwachte, um seine einsame Reise fortzusetzen, fand er sich von vielen Göttern und Lichtwesen umringt. Sie verneigten sich und dankten ihm für seine Belehrung. Er verstand das nicht; verblüfft sagte er: »Aber ich habe kein einziges Wort gesagt, ich habe doch nur geschlafen. Was wollt ihr denn alle hier?«

»Es mag sein, wie Du sagst«, antwortete eines der Lichtwesen, »und doch hätten wir eine vergleichbare Belehrung in unserem göttlichen Reich niemals erhalten können. Zahllose Freuden lenken uns dort ab und verlangen unsere Aufmerksamkeit. Zur Abwechslung wollten wir ein bißchen Ruhe und geistigen Frieden erfahren und haben Dich entdeckt. Es war herrlich, in Deiner Gegenwart zu verweilen, denn ein Mensch ohne Gedanken in der Seele strahlt die Energie des Friedens und der Liebe aus.«

Sein ist eine Frage der Hingabe an das SEIN. Offener Raum, nichts von heilig, aber jedes winzige Nicht-Ding ehrfurchgebietend.

Einleitung zum zweiten 21-Tage Plan

Der 21-Tage Plan zu absoluter Erfüllung

Im Verlauf der ersten einundzwanzig Tage hast Du erfahren, auf welche Weise Widerstand und Wunsch die wichtigen Probleme unseres Lebens beeinflussen und wie unsere Reaktionen auf diese Probleme sich in der gesamten Körper-Seele niederschlagen. Zuerst hast Du Widerstand und Wunsch in den sieben grundlegenden Bereichen Deines Selbstausdrucks wahrgenommen und dann die Sitzung beendet, indem Du das Gefühl der Dankbarkeit für alle Deine Lebenserfahrungen auskostetest. Vielleicht hast Du sogar fast greifbar spüren können, daß Widerstand und Wunsch sich unter der Berührung der Einstellung der Dankbarkeit fast gleichzeitig auflösten. Im Zustand der Dankbarkeit warst Du schließlich in der Lage, die Allgegenwart der Fülle zu erfahren, wo Du früher vielleicht nur Mangel spüren konntest.

Jetzt kannst Du den letzten Schritt tun. In den nächsten einundzwanzig Tagen bekommst Du die Gelegenheit, Dich absoluter Erfüllung zu öffnen. Du kannst den ans Wunderbare grenzenden Sprung von der gewöhnlichen psychischen Verfassung des Mangels zur alldurchdringenden Fülle des Ozeans des Bewußtseins (oder der Energie der Universalen Lebenskraft) vollenden. Indem Du Deine Aufmerksamkeit voll und ganz auf diesen Prozeß konzentrierst, ermächtigst Du Dich selbst, die Deinem Leben eigene EINHEIT zu spüren, ja voll auszukosten.

Wir sind Menschen. Wir haben einen menschlichen Körper und eine menschliche Seele. Deswegen verfügen wir über einige ehrfurchtgebietende Fähigkeiten, die uns gestatten, am Tanz der

Energie der Universalen Lebenskraft vollkommen gleichberechtigt teilzunehmen, vorausgesetzt wir respektieren und gebrauchen sie in der richtigen Weise. In unserem Kern sind wir QUELLE und Substanz des wahren SELBST. Wahres SELBST ist nicht von uns verschieden, aber andererseits ist es auch nicht dasselbe, für das wir uns gewöhnlich halten.

Wir haben die Wahl. Entweder wir folgen weiterhin den Botschaften, Modellen, Identifikationen und Täuschungen, die uns der Quelle entfremden, die wir sind, oder wir tauchen unmittelbar in diese Quelle ein und überlassen uns den erfrischenden Wassern des Lebens.

Die folgenden sieben Grundsätze sind keine positiven Affirmationen oder Einbildungen psychischer Inhalte. Sie sind vielmehr Kernaussagen der WIRKLICHKEIT an sich. Sie erwecken wahres Selbst, GOTT-SELBST, ursprüngliches Sein, die Energie der Universalen Lebenskraft oder wie auch immer sonst Du dieses Einssein benennen möchtest, das so all-umfassend ist, daß es sogar die Täuschung von Trennung und Zweiheit geschehen läßt.

Obwohl Du von diesen Grundsätzen auf verschiedene Art und Weise Gebrauch machen kannst, beinhalten sie zwei Elemente, die sich nicht verändern lassen. Erstens: Du mußt Dich jeden Tag mindestens fünfzehn Minuten mit einem Grundsatz beschäftigen. Zweitens: Du mußt sie in drei 7-Tages Zyklen für insgesamt einundzwanzig Tage üben. Am ersten Tag verwendest Du fünfzehn Minuten auf den ersten Grundsatz; am zweiten Tag beschäftigst Du Dich fünfzehn Minuten mit dem zweiten Grundsatz und so weiter, bis Du am siebenten Tag den ersten Zyklus abgeschlossen hast. Am achten Tag (Tag 29 des gesamten 42-Tages Programms) beginnst Du den zweiten Zyklus und am fünfzehnten Tag (Tag 36 des gesamten 42-Tages Programms) den dritten. Die drei Wiederholungen helfen die Wahrheit dieser Grundsätze in *Deiner persönlichen* Wirklichkeit zu verankern. Ferner ist empfohlen, daß Du zu Beginn der Sitzung den Grundsatz jeweils dreimal aus dem Kern-Selbst für Dich wiederholst. Dies erhebt seine Botschaft *für Dich* zur Wirklichkeit, in Übereinstimmung mit dem esoterischen Gesetz, nach dem wahr wird, was dreimal wiederholt worden ist.

Von diesen zwei Grundregeln abgesehen, bleibt es Dir überlassen, wie Du im einzelnen mit den Grundsätzen arbeiten möchtest: eher formal oder lieber beiläufig, im Sitzen, Stehen oder Gehen (aber nicht im Liegen, weil Du dann leicht schläfrig wirst). Vorausgesetzt Du konzentrierst Dich auf das Thema und nicht auf den Energiestrom, kannst Du Dich bei diesem Prozeß sogar mit Reiki behandeln. Allerdings führen Eigenbehandlungen während dieser Periode der inneren Reinigung zu wesentlich besseren Ergebnissen, wenn Du sie getrennt, am besten abends vor dem Einschlafen durchführst.

Für optimale Resultate ist der Ansatz formaler Meditation vielleicht besser geeignet. Bedenke, daß Du mit diesen Aussagen des Kern-Selbst Jahrtausende negativer Konditionierung zurückrollst, die Dich im begrenzten Bewußtsein des Mangels gefangengehalten haben. Du hast nun die Gelegenheit, Dein Leben vollkommen umzukehren, vom Kopf zum Herzen, und die Allgegenwart der Fülle zu entdecken, die sich sehr lange vor Dir versteckt hat. Ein wenig mühelose, entspannte Konzentration auf die Praxis kann unverhältnismäßig viel bewegen. Deswegen empfehle ich folgendermaßen (oder ähnlich) vorzugehen.

Der Morgen vor Beginn Deiner täglichen Arbeit ist die beste Zeit zum Üben. Du programmierst Dich dann neu, bevor die Außenwelt die Chance bekommt, es für Dich zu tun, allerdings zu ihrem eigenen und *nicht* zu Deinem Nutzen.

Vorbereitung auf die Prozesse zu absoluter Erfüllung

Sitze in bequemer Haltung entweder auf einem Stuhl oder Kissen auf dem Boden, die Wirbelsäule aufrecht und entspannt, die Ohren über den Schultern und die Schultern über den Hüften. Geleite Deine Aufmerksamkeit nun zum Atem. Beobachte den Atem für einige Augenblicke. Verändere ihn nicht. Tu ihm nichts an. Atme einfach ganz natürlich und mühelos ein und aus.

Genieße den Frieden, ruhig zu sitzen. Würdige die Tatsache, daß Du in Dir selbst ruhen und verweilen darfst. Spüre, wie wach Du bist, wie bewußt Du bist, wie erfrischt Du in diesem Augenblick bist. Indem Du Dich weiter entspannst, wird Deine Bewußtheit so ruhig und klar wie die Oberfläche eines Bergsees. Spüre, wie Deine Energie sich bündelt, während Du Deine Bewußtheit auf Dein Ziel richtest. Führe Deine Aufmerksamkeit zum Herzen, damit Du offen und empfänglich genug werden kannst, die Ergebnisse Deiner Praxis zu absorbieren. Du weißt, daß der Prozeß Dich berühren und Deine Interpretation der Ereignisse Deines Lebens verändern wird. Wer Du bist, wird sich nicht verändern, und doch bleibt nichts, wie es war, weil Du es nun ganz anders siehst.

Jetzt beginnst Du mit dem eigentlichen Prozeß. Du liest den Grundsatz des jeweiligen Tages und fühlst seine Botschaft Dein gesamtes Sein durchdringen, während Du die Worte innerlich wiederholst. Wiederhole den gesamten Text des Grundsatzes mindestens dreimal. Denke nicht! Laß Dich berühren. Laß Dich erheben. Gewähre Dir die Erfahrung der Gnade der Energie der Universalen Lebenskraft, die unmittelbar zu Dir spricht. Die WAHRHEIT spricht direkt zu Dir. Das SELBST spricht direkt zu Dir und erweckt Dich zu dem, was Dir schon seit Weltzeitaltern gehört, was Dein Geburtsrecht ist, seit anfangsloser Zeit. Indem Du die Worte der Grundsätze erwägst, erforschst Du energetisch die von eben diesen Worten beschriebene WIRKLICHKEIT.

Texte und Kommentare zum zweiten 21-Tage Plan

Grundsatz 1

(Tag 22, 29 und 36)

Die Energie der Universalen Lebenskraft ICH BIN
ist Ursprung und Substanz
von *wahrem* SELBST.
Sie ist, wer ICH BIN.
Meine physische Gestalt ist der Brunnen,
durch den die Schwingung
von *wahrem* SELBST hindurchströmt;
durch den mein gesamter Kosmos sich entfaltet.
Ich wende mich nun jener QUELLE grenzenlosen
Reichtums zu,
die Ursprung und Substanz von allem ist.

Kommentar

Du kannst Fülle nicht außerhalb von Dir finden; Fülle ist ein Seinszustand, den Du psychisch erfährst. Mit Deinem Vertrauen in Deine angeborene Fähigkeit, Fülle anzuziehen, versetzt Du Dich in die Lage, diese in der äußeren Welt zu erfahren. Wenn ich in Fülle leben will, muß ich wahres Wesen annehmen und mich erinnern, daß es die eigentliche QUELLE meines Reichtums ist.

Ich erinnere mich daran, daß Ich nicht mein »Ich« bin, nicht identisch mit seiner Überlebensmentalität, darum bemüht, mehr zu verdienen, oder verzweifelt an meinem Besitz festhaltend. ICH BIN so unendlich viel mehr als das kleine »Ich«.

Mit dem Erwachen zur Wirklichkeit von wahrem SELBST machst Du den ersten Schritt in Richtung grenzenloser Fülle, denn Du gehst auf die göttliche Essenz zu, die Du im Grunde bist. Nach der Vergegenwärtigung unserer QUELLE fällt es uns leichter, das falsche »Selbst« hinzugeben an die größere Kraft, die in uns steckt. Indem wir unsere Bewußtheit wahrem SELBST zuwenden und uns gestatten, unserem Herzenswunsch zu folgen, sehen wir sehr schnell, daß wir schon immer DAS gewesen sind; individuierte Träger des Wesensmäßigen ICH BIN.

Auf der Basis dieser Bewußtheit, ist wahres SELBST frei, sich in unserem Umgang mit der äußeren Welt offen zum Ausdruck zu bringen. In diesem Zustand erfahre ich Offenheit, Leerheit, Nicht-Etwasheit. Niemand zuhause, nur wahres SELBST. Es stimmt nicht einmal, daß ich mich der »Quelle« zuwende, denn die QUELLE ist immer gegenwärtig, in ihrem eigenen unermeßlichen Potential ruhend. Indem ich jedoch meine Aufmerksamkeit auf die unermeßliche QUELLE richte, die ICH BIN, bin auch ich ermächtigt, mein unermeßliches Potential zu erfahren. Dann gehe ICH über die normalen Begrenzungen der Alltagsexistenz hinaus und öffne mich einer unermeßlichen Möglichkeit des Reichtums.

Grundsatz 2

(Tag 23, 30 und 37)

Ich führe nun alle »Ich«-Gedanken nach innen,
der EINEN Universalen Kraft zu,
die sich in mir individuiert.
Ich erkenne, daß alle ego-bestimmten
»Ich«-Gedanken wie:
»›Ich‹ werde dies tun.«; »›Ich‹ habe das beschlossen.«;
»›Ich‹ will dies nicht«; »›Ich‹ will das.«
nur Psychospiele sind,
die zu mehr Leiden führen,
weil sie mich von der wahren QUELLE,
von wahrem SELBST trennen.
Deswegen wende ich mich nun der Energie
der Universalen Lebenskraft zu,
die ICH BIN -
absolut darauf vertrauend,
daß sie allen meinen Bedürfnissen Sorge tragen wird.

Kommentar

Mit dem ersten Grundsatz haben wir die Vormachtstellung des SELBST festgelegt und schließlich anerkannt. Wir entdecken, daß wir als Kern-SELBST die QUELLE grenzenlosen Reichtums sind, die Substanz von allem. Was könnte größere Fülle sein als eben diese Substanz?

Mit dem zweiten Grundsatz erkennen wir, was uns von der QUELLE trennt. Wir sehen, daß das alte Muster der Festlegung auf ein von der Universalen QUELLE getrenntes »Ich« erst jene Trennlinien und Grenzen errichtet, die den natürlichen Energiefluß unterbrechen, auch wenn sie im Grunde eine Täuschung sind. Dasselbe »Ich«, das fortwährend Pläne macht und Entscheidungen fällt (und niemals genug bekommt), ist jedoch vollkommen unfähig, wahre Fülle zu schenken. Die Unterbrechung des natürlichen Zustroms schließt Fülle aus. Jede Bedürftigkeit impliziert, daß mir etwas fehlt. Wenn sich wahre Fülle einstellen soll, muß endgültig Schluß sein mit der Unterbrechung von der QUELLE.

Mit dem neu gewonnen Vertrauen bin ICH nun in der Lage, meine Bedürfnisse furchtlos zu äußern, in dem Wissen, daß sie erfüllt werden, denn ICH BIN universale QUELLE.

Indem ich mich nach innen wende, lasse ich alle Gedanken der Trennung fallen und gehe auf die Universale Kraft zu, die ICH BIN – verantwortlich für alle Erscheinungen. Sie gibt der Sonne ihr Licht, der Erde ihre Kraft und erfüllt alle meine Bedürfnisse.

Grundsatz 3

(Tag 24, 31 und 38)

Ich verstehe alle meine Herzenswünsche
als göttliche universale QUELLE,
die durch mich wirkt und mich anleitet,
auf die Erfüllung
meiner Aufgabe auf dieser Erde hinzuarbeiten.
Also lasse »Ich« los
und gestatte der universalen QUELLE
durch mich zu wirken.
Indem ich nicht an meinen Wünschen hafte,
gebe ich mich voll Dankbarkeit
der Energie der Universalen Lebenskraft hin,
die durch mich hindurchfließt,
und nehme in Liebe die Fülle an,
die meine eigentliche Würde ist.

Kommentar

In Wahrheit sind Wünsche weder gut noch schlecht. Sie sind der Anstoß, der uns zur Erfüllung unserer Rolle auf der Welt führt. In diesem Sinne dienen Wünsche einem wichtigen Zweck. Sie sind sogar wesentlich, denn sie geleiten uns, wohin wir gehen müssen.

Wenn wir uns aller Wünsche entledigen, wie sollen wir dann unsere Vorhaben verwirklichen, die wir mit unserer Geburt in eine bestimmte irdische Rolle hinein übernommen haben? Wie könntest Du Arzt werden, wenn Du nicht zuerst den Wunsch dazu gehabt hättest? Wie könnten wir ohne unser Verlangen nach Liebe mit anderen oder mit dem Kern-SELBST innig verbunden sein? Würde auch nur ein Mensch innerlich wachsen und reifen, wenn der Kosmos nicht den tiefen Wunsch nach Wachstum und Evolution manifestierte?

Optimal begegnen wir unseren Wünschen, indem wir uns ihrer natürlichen Entwicklung erfreuen. Die Maxime ist: Laß sie in Ruhe und laß sie los. Wir sollten uns nicht von unseren Wünschen einfangen lassen, wenn wir ihre Lektion wirklich lernen wollen. Besser ist, Du verstehst alle Herzenswünsche als Göttliche Universale QUELLE, die durch Dich wirkt. Wie unbefriedigte Bedürfnisse sich in Bedürftigkeit verwandeln, werden Wünsche uns nur dann zur Falle, wenn wir sie unterdrücken oder dazu mißbrauchen, eine falsche Identität zu wahren. Es ist deswegen klug, alles Haften an der Rolle aufzugegeben, die Du im Leben einnimmst, und stattdessen alle mit Deiner Rolle einhergehenden Wünsche sich ausspielen zu lassen.

Schließlich begreifst Du, was Shakespeare schon lange vor Dir begriff: »Die ganze Welt ist eine Bühne, und Mann wie Frau, sie spielen dort.« Der Schlüssel ist, Dich nicht mit Deiner Rolle zu identifizieren. Letztlich kannst Du LEBEN weder verstehen noch erklären, Du kannst es nur erfahren und wissend an seinen Mysterien teilnehmen.

Grundsatz 4

(Tag 25, 32 und 39)

Bei allen meinen gewöhnlichen Handlungen
gebe ich endgültig
mein Haften am »Täter« und am »Tun« auf.
Stattdessen lasse ich von nun an
alle meine Handlungen aus der QUELLE strömen,
jenem ruhigen, zentrierten Zustand des SEINS,
der ICH BIN.
Widerstand schränkt mein Leben nicht länger ein,
anders als früher, als ich noch der Gewohnheit verfiel,
mein Herz an Ergebnisse zu hängen.
Infolge dieser Verlagerung meiner Bewußtheit
fließen alle meine Handlungen
nun wohlausgewogen und anmutig
und lassen sogar noch größere Fülle durch mich strömen.

Kommentar

Jeder hat das eine oder andere Mal das Gefühl der Vollendung gespürt, das jede frei fließende Betätigung automatisch hervorruft. Die Dinge scheinen dann in totaler Synchronizität zu geschehen. Du verschwendest keinen einzigen Gedanken an die Frage, wer es tut. Du verschwendest überhaupt keinen Gedanken, nicht einmal an die Handlung selbst. Es ist paradox, ein absolutes Mysterium. Einerseits fühlst Du Dich vollkommen in Dein Tun eingespannt, andererseits bist Du vollkommen losgelöst davon, fast unbeteiligt, so als ob die Bewußtheit »es« für Dich tun würde.

Einige spirituelle Überlieferungen bezeichnen dies als »Ohne-Tun« und verstehen es als ein Zeichen der Verwirklichung. Aber das ist keine Leistung, es *ist*: ein Ausdruck des SEINS, das sich in dem Augenblick manifestiert, an dem wir alle »Schlingen« (alles, an dem wir hängen oder mit dem wir uns identifizieren) fallen lassen.

Der ruhige, zentrierte Zustand, der ICH BIN, läßt sich mit einer Kinoleinwand vergleichen. Die Leinwand investiert nichts in die Filme, die auf ihr erscheinen. Sie gestattet den Bildern nur, über sie hinwegzugleiten. Aber wenn die Bilder auslaufen, ist die Leinwand immer noch da. Deswegen repräsentiert die alles ermöglichende Leinwand einen Zustand größerer Fülle als der einzelne Film, der seiner Natur nach begrenzt ist.

Es ist klug, dem Beispiel der Leinwand zu folgen, die sich nicht emotional einfangen läßt von den Erfahrungen, die über sie hinweggleiten. Sie bleibt einfach dieselbe leere Leinwand, ganz gleich welche Bilder oder Umstände sich scheinbar auf ihr offenbaren. Gleichermaßen bekommst Du das Gefühl einer alles umfassenden Freiheit und Fülle, wenn Du die Ereignisse Deines Lebens unbelastet durch Dich hindurchströmen läßt.

Grundsatz 5

(Tag 26, 33 und 40)

Indem ich mich kontinuierlich nach innen
der göttlichen QUELLE meiner Fülle zuwende,
entdecke ich durch tiefe Selbsterforschung,
daß die verschiedenen Masken des »Ich«
gar nicht existieren;
daß ich tiefe Stille erfahre,
wann immer ich mich ernsthaft frage:
»Wer bin ich?«
Ich erfahre jene Stille, die die Wahrheit des
Nicht-Etwas offenbart, das ICH BIN, denn
ICH BIN das Nichts, durch das *alles* hindurchfließt.

Kommentar

ICH BIN der weite Ozean des Bewußtseins, der sich früher einmal für eine Welle hielt, von anderen »Wellen« getrennt und nicht ein Teil eben dieses Ozeans, der ICH BIN.

Sobald diese Einsicht in Deinem Bewußtsein dämmert, wird es Dir leichtfallen, alle Sorgen als Zeit- und Energieverschwendung loszulassen. Indem Dein Vertrauen und WISSEN der göttlichen QUELLE des grenzenlosen ICH BIN weiter wächst, werden alle Bedenken, die früher den Fluß der Fülle für Dich blockierten, von der Woge Deines sich vertiefenden Vertrauens verschlungen.

Alles ist so einfach und leicht, kaum zu begreifen, wie Du Dir früher genau das Gegenteil einreden konntest. Bewußtheit zeigt Dein wahres Wesen, sobald Du das Haften an Deinen konditionierten Überzeugungen aufgibst und fahren läßt, was Dich begrenzt. Von der schweren Bürde falscher Identitäten befreit, kannst Du tief der brennenden Frage nachgehen: »Wer bin ich?« In der aus dieser Frage sich ergebenden Stille entdeckst Du erfahrungsgemäß, daß Du nicht irgendein bestimmtes Ding, Objekt oder Wesen bist, sondern sehr viel mehr. Du bist grenzenlos, und da Begrenzungen Dich nicht definieren, kann alles durch Dich hindurchfließen und sich durch Dich manifestieren. Je tiefer Dein Friede, desto weiter reicht Dein Loslassen in das Reich der zeit- und raumlosen WIRKLICHKEIT hinein.

Deine Aufgaben sind leicht erfüllt. Nun dient das SELBST anderen Wesen als SELBST. Für Verwirrung ist kein Platz mehr. Die Intuition sitzt am Steuer, nicht der Verstand. Psyche und Gehirn arbeiten mit spontanem WISSEN, und dieses leistet wesentlich bessere Arbeit als die falsche Identität, die früher vorgab, alles für Dich zu arrangieren. Du hast den Hebel umgestellt, von menschlicher auf göttliche Kraft.

Grundsatz 6

(Tag 27, 34 und 41)

Unmittelbar aus der QUELLE erkennend,
daß Wut nur ein Ausdruck
meiner Identifikation mit Urteilen ist,
die ich in der Vergangenheit gefällt habe,
und weiterhin von meinem Haften
an Ergebnissen abhängt,
gestatte ich mir nun,
meine Wut voll zu fühlen und dann loszulassen.

Kommentar

Mit diesem Grundsatz bringt wahres SELBST das Paradox zum Ausdruck, das mit der Befreiung von fruchtloser Emotionalität einhergeht. Wenn Du Dich von Deinen Emotionen befreien möchtest, versuchst Du es am besten mit dem Trick, sie weder zu unterdrücken noch auszuagieren. Wenn Du sie zu beherrschen oder unterdrücken versuchst, verhärtest Du Dich, wirst passiv-aggressiv und am Ende sogar physisch krank. Unbewußtes Ausagieren hingegen schüttet nur noch mehr Öl ins Feuer der Emotionalität und begrenzt, was Du von der großen und ganzen WIRKLICHKEIT wahrnehmen kannst. Anstatt Dich auf eine dieser beiden Optionen einzulassen, kannst Du nun die bewußte Entscheidung treffen, alle Deine Emotionen zu erfahren. Indem Du sie voll und ganz fühlst, gehst Du durch sie hindurch und gelangst zur anderen Seite – zur Glückseligkeit bedingungsloser Liebe.

Je mehr ich von wahrem SELBST berühre, desto klarer erkenne ich, daß ich, sobald etwas nicht nach meinem Willen läuft, immer dann wütend werde, wenn ich mich mit dem kleinen »Ich« identifiziere, das von anderen oder in einer bestimmten Situation Ergebnisse sehen will.

Ich leiste dieser Wut keinen Widerstand, sondern entscheide mich dafür, sie voll zu fühlen, *mit wahrer Begeisterung*, bis sie mir ihren Ursprung offenbart – das kleine »Ich«, das immer noch an Resultaten haftet. Durch meine Bereitschaft zur Erfahrung meiner Wut schwindet mein Verlangen, sie an einem anderen auszulassen, ja ich erkenne, daß der andere niemals der wirkliche Grund für meine Wut ist.

Infolge dieser vertieften Bewußtheit gebe ich sehr schnell jedes Interesse daran auf, andere beherrschen und kontrollieren zu wollen. Ich höre auf, meine Wut auf sie zu projizieren. Da ich deswegen auch keine Menschen mehr anziehe, die ihre Wut bei mir abladen, fällt immer weniger Wut auf mich.

Grundsatz 7

(Tag 28, 35 und 42)

Durch meine Bewußtheit
der Energie der Universalen Lebenskraft
als QUELLE und Erfüllung aller meiner Bedürfnisse
zeige ich mich in Wort und Tat
allen fühlenden und lebenden Dingen dankbar,
nehme freudig von anderen an und gebe mit Freude.
Ohne besondere Erwartungen damit zu verbinden,
erkenne ich alle »anderen«
als Mit-Leiter der Fülle,
unzähligen Wellen
im Ozean des Bewußtseins vergleichbar,
mit so viel wahrem SELBST wie ICH ES BIN.

Kommentar

Wenn Du an die begrenzten Überzeugungen und Reserven glaubst, an die Du infolge Deiner Konditionierung glauben sollst, wirst Du das Grenzenlose bewußt oder unbewußt begrenzen. Sei stattdessen für alle Möglichkeiten offen, wenn Du in Fülle leben möchtest. Befreie Dich kategorisch von der Gewohnheit, auch nur das geringste von einer ganz bestimmten und begrenzten »Quelle« zu erwarten, ganz gleich ob von Deiner Arbeit, von einem Mitmenschen oder einem spezifischen Umstand.

Stattdessen erkennst und erfährst Du durch Deine Bewußtheit der Energie der Universalen Lebenskraft alle äußeren »Quellen« als die eine Wahre QUELLE. Als andere Wellen auf dem Ozean des Bewußtseins sind auch sie die QUELLE wahrer Fülle. Bedenke, daß emotional belastete Erwartungen Widerstände hervorrufen und den Fluß der Fülle behindern können, der sich sonst überraschend und wunderbar auf unzähligen Wegen zeigen könnte. Besser, Du weißt und baust darauf, daß das Deinige Dir zur rechten Zeit und auf angemessene Weise zufallen wird.

Auf den Punkt gebracht heißt dies: der Weg der Fülle ist ein Weg der Empfänglichkeit und des freudigen Annehmens. Du machst Deinen Frieden mit der Tatsache, daß Du nicht bist, was Du zu sein glaubst, sondern was Du intuitiv erfühlst. Du bist ein allumschließendes Gefäß. *Du bist nicht in Deinem Körper, Dein Körper ist in DIR.* Da Du alles umfängst, kann alles zu Dir kommen. Laß dies für Dich wirklich sein, und die WIRKLICHKEIT wird Dich reich belohnen.

Sanft und gewährend dankst Du jedem lebendem Ding in Wort und Tat und erkennst es als wahres SELBST. Du lebst vollkommen in der Einstellung der Dankbarkeit. Jeder Irrtum ist ausgeschlossen. Selbst scheinbar widrige Umstände verwandeln sich in Segen. Wenn Du wahrem SELBST vertraust und Dich der Energie der Universalen Lebenskraft hingibst, kannst Du Dich nicht verirren. Du bist bereits angekommen.

Kapitel 5

Praktische Erfahrungen

Durch das 42-Tage Programm zur absoluten Erfüllung hast Du gelernt, den männlichen Aspekt des aktiven Strebens nach Glück mit dem eher weiblichen freudigen Annehmen all dessen zu verbinden, was aus der Kraft und Weisheit des Kern-Selbst immer da ist. Wenn Du das Programm abgeschlossen hast, wirst Du mit dem inneren Wissen und der inneren Gewißheit leben, daß es nur *ein* Selbst gibt und daß Du und alle Wesen und Erscheinungen dieses eine SELBST *sind.* Deswegen hast Du Dir im Verlauf der Prozesse des zweiten 21-Tage Plans immer wieder die Wahrheit vergegenwärtigt: ICH BIN DAS, das alles zuläßt und wahrnimmt und gleichzeitig doch frei ist von allem.

Mit diesem ICH BIN ist natürlich nicht das kleine »Ich« gemeint, die Persönlichkeit, die Du zu sein glaubst, sondern jene unfaßbare und lautlose Stille, die Du erfährst, sobald Du tief der Frage nachgehst: »Wer bin ich?« Wenn Du dieser Frage wirklich auf den Grund gehst, von ganzem Herzen und mit all Deiner Energie, wirst Du schließlich auf DAS kommen, was alle Oberflächenerscheinungen ermöglicht, jenes ICH BIN, das der stumme Hintergrund für *alle* Identifikationen ist.

Das Paradoxe ist nun, daß Du auch im ganz normalen Leben um so erfüllter sein kannst, je mehr Du Dich mit wahrem Selbst identifizierst, das Du *bist,* und gleichzeitig aus der Identifikation mit den »negativen« *und* »positiven« Dingen löst, die Du oberflächlich zu sein *scheinst.* Dann können diese Dinge nämlich offen durch Dich hindurchfließen. Sie bereichern Dich, weil Du Dich *nicht* an sie klammerst; sie machen Dich glücklich; weil Du sie *nicht* festhalten willst; sie kommen zu Dir, weil Du sie *nicht* durch übertriebenes Verlangen zurückstößt; sie lassen Dich frei, weil Du Dich *nicht mit ihnen,* sondern mit der alles wahrnehmenden Quelle identifizierst, die Du in Wahrheit bist.

Die folgenden Beispiele für die Wirkung der Prozesse stammen von verschiedenen Schülerinnen und Schülern und wurden entweder nach der Teilnahme an einem *Core-Abundance Seminar* oder nach der Einzelarbeit mit dem 42-Tage Programm verfaßt. Sie veranschaulichen die ganz praktischen Erfolge, die sich mit diesem Ansatz tatsächlich erzielen lassen.

Bei näherer Betrachtung fällt auf, daß alle hier beschriebenen Erfolge nicht den Endpunkt der Entwicklung markieren, sondern angenehme, bereichernde, lehrreiche und befreiende Durchgangspunkte auf einer Reise, die vollkommen offen ist. Sie hat kein im voraus festgelegtes Ende, sondern ruft Dich, ihr immer weiter zu folgen, immer tiefer in die Erfüllung hinein. Natürlich sind in diesen Erfahrungsberichten alle Namen und typischen Besonderheiten verändert, damit die Vertraulichkeit gewahrt bleibt.

Mit der Erweiterung meiner Bewußtheit
erweitern sich meine Möglichkeiten in der äußeren Welt.
Mein Einflußbereich wird größer und größer,
und schließlich fließt mir ganz natürlich
eine Fülle an Dingen zu,
für die ich nun offen bin.

Das *Core-Abundance* Seminar

Um den Einstieg in die Übungen des 42-Tage Programms zu erleichtern, gibt es das *Core-Abundance Seminar,* das in Deutschland in Form eines Wochenendkurses gelehrt wird. Das *Core-Abundance Seminar* ist eine total erhebende Erfahrung, die Dir schnell den Schlüssel zu Deiner wahren Identität und Deinen wirklichen Möglichkeiten gibt.

Wie dieses Buch, so steuert auch das Seminar sofort auf die begrenzenden Überzeugungen zu, die fast jeder mit sich herumträgt und die das Gefühl des Mangels und das Bewußtsein der Armut aufrechterhalten. Ferner zeigt es Dir, daß Erfüllung nicht eine Frage des Habens oder Nichthabens ist, sondern Ausdruck Deiner tiefen Zufriedenheit mit Dir selbst. Es führt Dich in wenigen Stunden zu einer Begegnung mit dem grenzenlosen und unkonditionierten Wesen, das Du im Kern bist. Und daher hat es auch seinen Namen: *Core-Abundance* bedeutet Erfüllung aus dem Kern, aus der »Herzmitte« weit jenseits des physischen Herzens und feinstofflichen Herzchakras, die »nichts« ist und doch gleichzeitig »alles«.

Das Seminar führt durch zusätzliche Erfahrungsprozesse, die nur in einer Gruppe möglich sind. Am Morgen werden vor allem jene Grundüberzeugungen unter die Lupe genommen, die jede Erfüllung unserer Herzenswünsche verhindern, während der Nachmittag dann dem Prozeß der Manifestierung gewidmet ist. Die Teilnehmer lernen, ihre Ziele als bereits verwirklicht zu betrachten und im Geiste der Dankbarkeit als gegeben anzunehmen. Am Ende wird das 42-Tage Programm zu absoluter Erfüllung eingeführt.

Wir weinen und lachen im Laufe des Wochenendes viel miteinander, wenn wir die traurige Sabotage aufdecken, die wir uns ein Leben lang angetan haben, und die lachhaft komischen Überzeugungen bloßstellen, die uns auch jetzt noch daran hindern, den uns eigenen Zustand der Erfüllung zu erfahren. Ich erzähle im *Core-Abundance Seminar* gewöhnlich eine Reihe von meinen eigenen Dummheiten. Das lockert die Atmosphäre und hat den zusätzlichen Nutzen des lehrreichen Beispiels. Offenbar helfen solche offenen Worte den Teilnehmern, in kurzer Zeit zu begreifen, was mich Monate und manchmal sogar Jahre gekostet hat.

Trotzdem entscheidet die Teilnahme am Seminar nicht über den Erfolg mit dem 42-Tage Programm. Es macht sehr viel Spaß, aber es ist nicht Voraussetzung.

Robert oder: Eine Überraschung nach der anderen

»Ich übte mit einer frühen Fassung des 42-Tage Programms und machte damit eine Reihe von Erfahrungen, die selbst mich überraschten, obwohl ich nun schon seit einigen Jahren gelegentlich mit Paulas Material arbeite.

Als ich mit dem Programm begann, verband ich keine Erwartungen damit. Ich war interessiert, wollte es ausprobieren, dachte aber nicht, daß dadurch derartig außergewöhnliche Entwicklungen ins Rollen kommen würden.

Zuerst fielen mir die vielen noch unbewußt gebliebenen Muster auf, die ich jeden Morgen bei der Übung an mir erkannte. Ich bin selbständiger und inzwischen sogar ein recht erfolgreicher Unternehmer. Außerdem bin ich Reiki-Meister und unterrichte seit Jahren verschiedene Bewußtseinstechniken. Ich würde doch keine alten Verhaltensstereotypen mit mir herumschleppen? Aber natürlich, und wie.

So sah ich zum Beispiel, daß ich trotz aller Einzelerfolge Angst vor dem großen Erfolg hatte, weil ich meinem Vater nicht weh tun wollte, der nie den Durchbruch zu seinen hochgesteckten Zielen geschafft hatte. Viele andere Dinge traten mir ebenfalls klar vor Augen, so daß ich mich schließlich jeden Morgen ganz gespannt zum Üben hinsetzte. Ich wurde nie enttäuscht.

Nach Abschluß der 42 Tage fühlte ich mich leichter, freier und vitaler. Damit war ich im Grunde zufrieden. Ich hatte etwas hinzugelernt und war ein Stück auf meinem Weg der Bewußtheit vorangekommen.

Dann erhielt ich eines Morgens überraschend einen Anruf von der Assistentin eines Fernsehproduzenten eines großen Senders, die mich fragte, ob ich Lust hätte, mich im Rahmen einer einstündigen Sendung über Reiki interviewen zu lassen. Sie sondierte die Lage sehr vorsichtig und mit viel Fingerspitzengefühl. Natürlich würden viele andere Reiki-Meister ebenfalls interviewt, sie könnte mir nicht garantieren, ob mein Interview dann tatsächlich ausschnittweise ausgestrahlt würde und so weiter. Zum Schluß nahm sie ihr Angebot fast ganz zurück. Am Anfang ginge es nur ums Kennenlernen. Ob mich das trotzdem interessieren würde. Ich überlegte nicht lange, sondern sagte zu.

Am Morgen vor dem Gespräch mit dem Regisseur und Produzenten der Sendung setzte ich mich zum Üben hin und ging voll in meinen Widerstand gegen alle übertriebenen Formen der Selbstdarstellung (wie zum Beispiel in Talk-Shows üblich) hinein. Dann fühlte ich meinen brennenden Wunsch, mich zu zeigen, mich darzustellen und aller Welt zu demonstrieren, was ich kann. Schließlich öffnete ich mich dem Gefühl der Dankbarkeit für die Chance, die sich ganz von selbst aufgetan hatte. Ich ging so tief in das Fühlen von Widerstand, Wunsch und Dankbarkeit hinein, daß der Prozeß mehr als eine halbe Stunde dauerte. Danach verschwendete ich keinen Gedanken mehr an das Probegespräch.

Es lief dann traumhaft. Die Worte flossen ganz spontan über meine Lippen. Ich wollte nichts beweisen, niemanden zu meinen Gunsten beeinflussen oder von Reiki überzeugen. Ich beschränkte mich auf die Darstellung meiner Wahrheit. Nie hatte ich das Gefühl, gegen eine Mauer zu reden. Ganz im Gegenteil, das Gespräch wurde immer lebhafter und anregender. Ich vergaß vollkommen, daß es hier um die Feststellung meiner Bildschirmtauglichkeit ging. Am Ende wurde ich nicht nur für diese Sendung ausgewählt, sondern man bot mir an, bei einer weiteren ausführlicheren Sendung über Reiki mitzuwirken, bei der ich der einzige Gast sein würde. Ich bekam dreißig Minuten, um dem Publikum Reiki nahezubringen. Es hat sehr viel Spaß gemacht und meiner Arbeit einen ordentlichen Schub gegeben.«

Valerie oder: Die Befreiung von der Trauma-Identität

»Ich habe lange in Therapie an der Lösung von einer traumatischen Kindheitserfahrung gearbeitet. Wahrscheinlich ist meine Sehnsucht nach Erfüllung sogar deshalb so groß, weil ich trotz aller Fortschritte mich immer noch mit diesem Trauma identifiziere. Bis jetzt schien ich davon einfach nicht wegzukommen.

So stolperte ich also durch die Empfehlung meines früheren Therapeuten ins *Core-Abundance Seminar.* Er meinte, ich könnte dabei auf spielerische Weise mit meiner Sehnsucht nach Erfüllung und Ganzheit arbeiten und vielleicht auch die schlimme Erinnerung noch ein Stück mehr loslassen. Das Seminar war eine gute Erfahrung, denn die Stimmung war so positiv, weil wir alle schnell die Scheu verloren hatten und uns mit Begeisterung in unsere Partnerübungen stürzten. Selbst die Vorträge brachten mir etwas, während die eigentliche Interaktion in der Gruppe mich anregte, denn sie zeigte mir Seiten von mir, die ich noch nicht wahrgenommen hatte. Ich verließ den Seminarraum am Abend fast in einem Hochgefühl.

Die Krise kam dann am zweiten Tag meiner Arbeit mit dem 42-Tage Programm. Ich las die Übungsanweisung und war schokkiert. Alles in mir sträubte sich dagegen, für meine »negativen sexuellen Erfahrungen dankbar zu sein«. Das war zuviel verlangt. Weil im Seminar alles gestimmt hatte, überwand ich mich dazu, die Übung zu machen. Ich wollte dem Prozeß auch gern vertrauen. Mit dem Ergebnis, daß längst überwunden geglaubte Emotionen in mir hochkamen. Ich war verwirrt. Jahrelang hatte ich versucht, meine Wut auf den Vergewaltiger zu fühlen und zuzulassen. Als ich mir in der Therapie diese Freiheit endlich nehmen und meine Angst vor den Folgen überwinden konnte, hatte ich meinen Haß herausgeschrien, bis ich meine Stimme verlor – und jetzt sollte ich für diese »negative sexuelle Erfahrung« auch noch dankbar sein!

Nach der Übung war ich so aufgewühlt, daß ich an nichts anderes mehr denken konnte als den Zwang, den ich dabei gefühlt hatte. Ich fühlte mich abermals mißbraucht. So nah wie in der Übung hatte ich diese schreckliche Erfahrung schon lange nicht mehr gespürt. Schließlich wurde das Gefühl der Hilflosigkeit unerträglich. Ich griff zum Telefon und rief Paula an. Wir sprachen nicht einmal besonders lange. Was ich in Erinnerung behielt, war Paulas Hinweis auf die heilende Wirkung: Wenn ich alle meine positiven und negativen Erfahrungen mit Dankbarkeit akzeptieren könnte, würde ich die Macht über mein Leben zurückgewinnen, die ich verloren hatte. Genau das wollte ich ja. Darüber hinaus meinte sie, niemand würde von mir verlangen, für den Mißbrauch selbst dankbar zu sein, sondern nur für die Rolle die er in meinem Leben gespielt und die Dinge, die er mich gelehrt hat.

Ich beschloß also, mit dem Programm weiterzumachen und dabei keinen Schritt auszulassen. Ich habe keine weitere dramatische Veränderung beobachten können außer dem Loslassen dieses alten Musters. Es fühlt sich so an, als sei ich endgültig darüber hinweg. Ich spüre auch, daß von jetzt an die Vergangenheit nicht mehr meine Gegenwart bestimmen wird.«

Diese Geschichte veranschaulicht eine besondere Wirkung des ersten 21-Tage Plans, die sich sofort einstellt, wenn Du wie Valerie mit dem Herzen bei der Sache bist und Deine ganze Energie hineingibst: Das Fühlen von Widerstand, Wunsch und Dankbarkeit wird Deine Identifikation mit den schlimmen Ereignissen und Tragödien in Deinem Leben auflösen. Du wirst Dich nicht länger als Opfer erleben, auch wenn Du früher einmal Opfer warst und Dich danach lange Zeit als Opfer gefühlt hast.

Da Valerie als junges Mädchen sexuell mißbraucht worden war, fiel es ihr verständlicherweise sehr schwer, für diesen Mißbrauch auch noch dankbar zu sein. In unserem Gespräch fanden wir jedoch einen neuen Weg. Nicht dem Mißbrauch an sich konnte ihre Dankbarkeit gelten, sondern allein der Tatsache, daß dieser Mißbrauch der Antrieb für sie war, sich selbst und ihr Leben tiefer zu verstehen, denn die Auseinandersetzung mit ihm hatte sie, wie sie selbst sagte, aus dem Schlaf der Unbewußtheit gerüttelt. Valerie war ein sehr reife Frau geworden.

Wenn die oder der physisch oder psychisch Mißbrauchte die Erfahrung des Mißbrauchs auch später immer wieder als Folge ihrer oder seiner eigenen Fehler und sich selbst infolgedessen als Opfer der Umstände erfährt, wird sich das für die Opferrolle typische Leiden immer weiter fortsetzen und schließlich die gesamte Lebenserfahrung definieren. Dankbarkeit für die Lektion dieser schrecklichen Erfahrung durchbricht die Ketten der Abhängigkeit, auch wenn sie nicht der erste Schritt zu ihrer Überwindung sein kann. Der erste Schritt besteht immer darin, den eigenen Schmerz und die eigene Wut zu fühlen. Sind Schmerz und Wut dann jedoch angenommen (Valerie hatte dies im Laufe einer langen Therapie geschafft), kann Dankbarkeit schließlich über Schmerz und Wut hinausweisen und dem früheren Opfer noch mehr von der eigenen Kraft zurückgeben. Dankbarkeit für alle Ereignisse des eigenen Lebens bedeutet absolute Eigenverantwortung, und diese bedeutet die Kraft zur Gestaltung des eigenen Lebens.

Eine andere Überlegung ist bedenkenswert. Wenn wir durch unseren eigenen Schmerz hindurch sind, ihn wirklich gefühlt und integriert haben, können wir uns in den Schmerz des Mißbrauchers hineinfühlen, denn der Mißbraucher ist ja früher selbst ebenfalls mißbraucht worden. Dies hilft uns, den erfahrenen Mißbrauch nicht mehr persönlich zu nehmen. Indem wir erkennen, daß kein Mensch einen anderen Menschen mißbrauchen würde, wenn er nicht selbst zuvor mißbraucht worden wäre, durchbrechen wir auf tiefer Ebene die Kette des Mißbrauchs.

Carl oder: Verletzlich sein heißt stark sein

»Ich bin bis zu meiner Pensionierung Berufsoffizier gewesen, Jagdflieger, und als Oberst aus dem Dienst geschieden. Seit meiner Pensionierung habe ich mich um eine neue Arbeit bemüht, um etwas zu tun zu haben. Meine Frau ist noch voll berufstätig und leitet die Vertretung einer ausländischen Fluggesellschaft. In meiner vielen Freizeit merke ich, daß sie mir fehlt, wenn sie den ganzen Tag im Büro ist. Viele Jahre hatte sie dasselbe gesagt, aber nun sind die Rollen vertauscht und ich fühle mich zurückgewiesen. Ich würde unsere Beziehung gern vertiefen, aber was ich auch mache, ich scheine sie damit nur noch mehr von mir wegzustoßen.

Am Tag des *Core-Abundance Seminars* steckte ich tief in solchen und ähnlichen Gedanken und Gefühlen, und der äußere Rahmen trug wenig dazu bei, mir meine Zweifel zu nehmen. Was würde schon dabei herauskommen, den ganzen Tag in einem Fünfsterne-Luxushotel zu sitzen, in einer großen Gruppe von Leuten, und einer Reihe von leeren Vorträgen zuzuhören? Zum Glück hat meine Erfahrung während und nach dem Seminar meine Erwartungen nicht bestätigt.

Ziemlich schnell wurde ich durch die Partnerübungen am Morgen mit meinen Ängsten konfrontiert. Ich konnte ihnen nicht entkommen. Mir traten die Tränen in die Augen und ich konnte sie weder zurückhalten noch meine Emotionen unterdrücken. Dann hörte ich plötzlich meinen Namen und wurde angewiesen, mich meiner Frau gegenüber in die Mitte des Kreises zu setzen. Ich sollte ihr sagen, was ich brauchte. Bald brach jedoch der Damm und alles, was ich solange zurückgehalten hatte, sprudelte aus mir heraus. Mir kam es wie eine halbe Ewigkeit vor, obwohl es nur ein paar Minuten dauerte, bis ich mir selbst und meiner Frau eingestehen konnte, wie sehr ich sie brauchte.

Ich habe mich dabei verletzlich, aber nicht im geringsten schwach gefühlt. Ganz im Gegenteil, ich begriff, wieviel Stärke in Verletzlichkeit steckt. Wie viele andere Männer meiner Generation hatte ich ein falsches Bild von Stärke und Unabhängigkeit mit mir herumgeschleppt. Im Laufe des 42-Tage Programms habe ich mir die Zeit genommen, die Folgen und Verästelungen tiefer zu erforschen. Ich habe fühlen können, wie sehr dieses Bild mich von einer erfüllten Beziehung getrennt hat.

Ich verstehe jetzt, daß ich mit meiner Frau eigentlich keine Probleme hatte. Auf Grund meiner Konditionierung hatte ich mich jedoch von gewissen Überzeugungen einfangen lassen, die mir die Wirklichkeit dieser eingebildeten »Probleme« suggerierten. Zwar hat sich für mich rein äußerlich nichts geändert, aber mein Leben fließt jetzt viel gleichmäßiger. Meine Frau und ich genießen unser Zusammenleben. Wir wissen jetzt, wie reich unser Leben eigentlich ist. Das nenne ich wahres Glück.«

Susan oder: Ein Hindernislauf unbewußter Wünsche

»Ein paar Wochen, nachdem ich das 42-Tage Programm abgeschlossen hatte, bekam ich ein Angebot, von dem jede Maklerin nur träumt. Dieses Geschäft unter Dach und Fach, und ich hätte für den Rest meines Lebens ausgesorgt. Wenn überhaupt, würde ich zum Vergnügen arbeiten, einfach weil es Spaß macht und ich gern mit Menschen zusammenkomme.

Der Vertreter einer Investorengruppe trat an mich heran und erklärte sich interessiert, die Vermietung der Räume in einigen neu projektierten Bürohochhäusern über meine Firma abzuwickeln. Ein bombensicheres Geschäft, wenn man die rapide Entwicklung unserer Stadt berücksichtigt. Vor allem ausländische High-Tech-Firmen scheinen sich um jeden Preis hier niederlassen zu wollen, ganz gleich,was sie das kosten wird.

Wir führten eine Reihe von Vorgesprächen, die in angenehmer Atmosphäre verliefen. Mein zukünftiger Partner wurde mit jedem Treffen zuvorkommender und charmanter. Ich wollte nicht steif und unzugänglich erscheinen und brachte, arglos und ohne Hintergedanken, auch meinen Charme zur Geltung. Alles blieb, wie mir schien, im Rahmen einer netten Geschäftsbeziehung. Wenn alles so prächtig weiterging, würden wir bald einen Vertrag unterschreiben. Der Gedanke gefiel mir immer besser.

Eine Woche später waren wir ohne unsere Mitarbeiter abends zum Essen verabredet. Mir war bei Festsetzung des Termins für ein paar Sekunden ein bißchen unbehaglich gewesen, aber ich beachtete diese Gefühle nicht weiter. Alles war bisher gut gegangen, und ich war mir sicher, keine falschen Signale ausgesandt zu haben. Ja, ich freute mich sogar auf den Abend in einem der besten Restaurants der Stadt. Beim Dessert platzte dann die Bombe. Da sagte dieser Mann mit der freundlichsten Stimme und einem dicken Grinsen im Gesicht, daß er gern mit mir schlafen würde und wir seiner Meinung nach bei der Liebe miteinander so viel Erfolg haben würden wie beim Geschäft. Die eigentliche Bedrohung blieb unausgesprochen, obwohl sie spürbar in der Luft hing: Kein Sex, kein Vertrag. Entscheide Dich, Mädchen!

Ich entzog mich an diesem Abend mit einem Lächeln und vielen halb versprechenden und halb hinhaltenden Worten einer äußerst heiklen Situation, aber als ich zuhause war, hätte ich mich am liebsten übergeben. Ich fühlte mich gleichzeitig wütend, verraten und verzweifelt. Mein alter Mangel an Selbstvertrauen kam wieder hoch. Daß wir Frauen uns immer mit solchem sexistischem Schweinkram herumschlagen müssen! Daß man in uns immer das Sexualobjekt und nicht die Fähigkeiten sieht, die wir haben! Es machte mich krank. Ich fühlte mich als Opfer und badete in Selbstmitleid.

Am nächsten Tag bat ich meine Sekretärin, keine Gespräche von ihm oder seinem Büro an mich durchzustellen. Die Verhandlungen wurden zwar eine Woche später fortgeführt, aber jetzt hieß es plötzlich, daß ich mir den Auftrag wahrscheinlich mit mehreren anderen Maklern würde teilen müssen. Ich faßte das als Bestrafung für meinen Mangel an »Entgegenkommen« auf, vor allem weil das Angebot der sexuellen Bestechung immer noch implizit im Raum hing. Oder war ich vielleicht paranoid?

An dem Punkt entschied ich mich, diese verfahrene Situation zum Anlaß zu nehmen, mein ganzes Leben zu überdenken. Zu meinem Glück war Paula für zehn Tage in der Stadt, und ich beschloß, an ihrem fünftägigen Intensiv-Seminar teilzunehmen. Das *Core Empowerment Training* verspricht, daß nach seinen Prozessen nichts mehr unterdrückt oder verdrängt bleiben wird. Das kam mir gerade recht.

Natürlich fiel es mir nicht leicht, das Problem vor der Gruppe offen auszubreiten. Deswegen wartete ich bis zum letzten Tag, bis der Druck so groß wurde, daß ich mich nicht mehr zurückhalten konnte. Als ich alles aussprach, wurde mir vieles bewußt.

Ich sah mein ganzes Leben vor mir, nicht nur den kleinen Ausschnitt des »Problems«. Vor allem war es für mich wichtig, mich nicht länger als Opfer zu fühlen und meine Handlungsfähigkeit zurückzugewinnen. Deswegen fragte ich mich: Wie hatte ich, wenn auch unbewußt, die verfahrene Situation mitgeschaffen? Als ich mir diese Frage stellte, sah ich den verdrängten Anteil: meine Sexualität. Ich bin sehr attraktiv, eine Frau in den besten Jahren. Ich liebe das Leben und alles, was es mir zu bieten hat. Ich bin erfolgreich, und Erfolg hat nun einmal auch Sex-Appeal. Trotzdem lebe ich seit Jahren fast wie eine Nonne, hauptsächlich weil ich nach einigen unschönen Beziehungserfahrungen übervorsichtig geworden bin, aber vielleicht auch, weil ich mir keine Erfüllung in meinen Gefühlen und in ihrem Ausdruck zugestanden habe.

Wenn ich jedoch das Verlangen leugne, das mein Körper unzweifelhaft verspürt, sende ich doppeldeutige Signale aus. Mein Verhandlungspartner hatte diese doppeldeutigen Signale aufgefangen und in seinem Sinne mißverstanden. Ich will damit nicht sein Verhalten entschuldigen. Eine Machtsituation für sexuelle Erpressung auszunützen, ist und bleibt widerlich. Andererseits, wäre ich mir meines eigenen Verlangens bewußt gewesen, anstatt es zu verdrängen, hätte ich nicht zusätzlich zu der Situation beigetragen. Dies weiß ich aus Erfahrung: wenn ich vollkommen klar bin, weiß auch der andere, wie weit er gehen darf. Paula erinnerte mich daran, daß wir alle instinktiv wissen, wo der andere den Schlußstrich ziehen wird.

Inzwischen betrachte ich die ganze Geschichte als Lernerfahrung. Mir wurde klar, daß das Leben vielleicht noch Besseres für mich bereithält, und infolgedessen habe mein Haften an dem möglicherweise größten Geschäft meiner gesamten Karriere aufgegeben. Ich habe auch gelernt, mir meine sexuellen Wünsche einzugestehen und werde sie mir mit dem Mann meiner Wahl erfüllen.

Als Paula mich mit meinem Muster des Vermeidens konfrontierte, riet sie mir zur Klarstellung. Ich sollte dem Mann klipp und klar und energetisch unzweideutig Bescheid sagen, daß ich immer noch die beste Geschäftsverbindung für ihn wäre, in anderen Bereichen jedoch unerreichbar. Ich habe diese Herausforderung angenommen. An diesem Punkt kann ich noch nicht sagen, mit welchen Folgen. Jedenfalls fühle ich mich besser, denn die Luft ist wieder rein.

Wenn ich zurückdenke, ist der ganze Prozeß durch meine erste Beschäftigung mit dem 42-Tage Programm zu absoluter Erfüllung ins Rollen gekommen. Meine neue Offenheit brachte mir ein potentiell großes Geschäft ins Haus. Weil ich mich erstens an die Idee dieses Geschäfts klammerte und zweitens meine tiefen inneren Wünsche geleugnet und stattdessen durch zweideutige Botschaften ausagiert hatte, habe ich dieses Geschäft dann wieder in Gefahr gebracht. Gleichzeitig habe ich bei dieser Gelegenheit sehr viel über mich selbst gelernt und weiß jetzt ohne jeden Zweifel, daß ich die private Erfüllung genau so sehr brauche wie den geschäftlichen Erfolg.«

Kapitel 6

Neun Schritte zur Manifestierung von Fülle und Erfüllung

1. Folge Deinem Herzenswunsch

Der erste Schritt zur Manifestierung der Menschen, Lebensumstände und materiellen Voraussetzungen, die Du in Deinem Leben brauchst, besteht darin, mit Deinen eigenen tiefsten Herzenswünschen in Berührung zu kommen. Du nimmst Verbindung auf mit den Dingen, die echte Leidenschaft in Dir wecken, und läßt Dich nicht länger von täuschenden Hoffnungen und Wunschgedanken ablenken oder arbeitest auf Ziele hin, die Du aus einem mißverstandenen Pflichtgefühl übernommen hast. Was bewegt Dich im Innersten? Was würdest Du um jeden Preis erreichen wollen, wenn Du nur noch ein Jahr zu leben hättest? Nur noch eine Woche?

Leider verschwenden viele Menschen ihr ganzes Leben mit Überlegungen zu den verschiedenen Erfahrungen, die sie »eines schönen Tages« gern machen möchten. Anstatt endlich zu entscheiden und unsere Entscheidung mit unserer Energie zu tragen, vergeuden wir unendlich viel Zeit an den fruchtlosen Zustand der Unentschlossenheit. Zwischen Wunsch und Widerstand hin- und hergeworfen finden wir es so gut wie unmöglich, uns von unseren »Kopfgedanken« zu befreien und endlich unsere wirklichen Bedürfnisse tief in uns zu spüren.

Um dieses Muster zu durchbrechen, sei zu drei Dingen bereit:

1. Dein Bedürfnis fühlen.
2. Dich zu seiner Erfüllung entscheiden.
3. Alles Notwendige dafür tun.

Vielleicht gehst Du zu diesem Zweck für eine Zeit still in Dich, legst die Hand aufs Herz und fragst, was es möchte, um endlich mit dem in Berührung zu kommen, was Dich wirklich erfüllen wird. Vielleicht gibst Du Deinem Herzen sogar gleichzeitig Reiki.

Wir verlieren uns so häufig in unseren Kopfgedanken und vergessen, uns selbst die nötige Zeit zu nehmen, damit wir das innere Kind nähren und mit neuer Energie erfüllen können. Das innere Kind ist vollkommen klar. Es weiß genau, was es will (und braucht). Wir müssen ihm nur zuhören.

Recht häufig stimmen unsere tiefsten Wünsche nicht mit dem überein, was wir nach Vorgabe unserer Überzeugungen »wollen sollten«. Streiche deswegen das Wörtchen »sollen« aus Deinem Vokabular. Das ist ein guter Rat, denn dieses kleine Wort deutet automatisch darauf hin, daß jemand oder etwas von außen ein Bedürfnis oder einen Wunsch auf Dich projiziert. Das beste Beispiel sind all die zahllosen verinnerlichten »Du-sollst«, die Eltern, Lehrer und Familie in uns eingepflanzt haben. Sobald wir diese »Du-sollst« abwerfen, werden wir unser weiteres Vorgehen sehr viel problemloser bestimmen können. Indem wir uns schließlich bindend festlegen, erzeugen wir energetisch eine bestimmte Spannung, und diese setzt ihrerseits alles Nötige in Gang.

Wie ein Magnet zieht unsere Entscheidung alle die Umstände an, die wir zur Erschaffung der von uns erstrebten Wirklichkeit benötigen. Indem wir darüber hinaus den Begriff »versuchen« aus unserem Wortschatz streichen, kann halbherziges Engagement nicht länger unsere Handlungen sabotieren. Wir haben wesentlich bessere Chancen, uns unsere Herzenswünsche zu erfüllen, wenn wir uns auf ein bestimmtes Vorgehen festlegen, wenn wir also beschließen, dieses oder jenes zu tun (anstatt es zu »versuchen«).

Erkenne Dein tiefstes Verlangen als kosmischen Willen an, der durch Dich hindurchströmt und Dich antreibt zu werden, was Du in Wahrheit *bist.* Dein Verlangen ist das Lebensblut für Deine Erfahrung; es manifestiert sich in Form jener Wünsche, bei denen wir spüren, daß sie uns zu den Bedingungen führen werden, durch die wir hindurch müssen, um unsere wichtigsten Lektionen zu lernen und unsere Aufgaben auf dieser Erde zu erfüllen.

2. Prioritäten setzen

Sobald Du mit dem Verlangen oder den wenigen zentralen Wünschen in Berührung gekommen bist, die Dich wirklich bewegen, ist es wichtig, einen Aktionsplan zu ihrer Verwirklichung zu entwerfen. Indem Du die zur Konkretisierung Deiner Ziele notwendigen Vorbereitungen triffst, machst Du schon den ersten Schritt zu ihrer endgültigen Manifestation. Ohne innere Verpflichtung zu den für die Verwirklichung notwendigen Schritten bleibt jede Wahl eines Ziels bloße Phantasie – *und diese Phantasie wird Deine psychische und kreative Energie schneller auslaugen als Du für möglich hältst.* Hast Du Prioritäten gesetzt, hilft die Verpflichtung auf das Ziel Dir, alle die notwendigen Schritte zu unternehmen, die die blockierende Polarität von Wunsch und Widerstand schließlich auflösen werden.

Manchmal ist vollkommen klar, welche Schritte Du unternehmen mußt, bei anderer Gelegenheit bist Du Dir vielleicht nur des ersten oder der ersten zwei Schritte bewußt. Häufig sind grundlegende Recherchen als erster Schritt zu einem neuen Vorhaben erforderlich. Indem Du Dich auf ein oder zwei Entscheidungen festlegst und sie mit physischem Einsatz verfolgst, setzt Du eine Entwicklung in Bewegung, die Dir die nächsten Schritte später wie von selbst offenbart.

3. Stell Dir Dein Ziel im voraus genau vor

Viele alte spirituelle Überlieferungen lehrten verschiedene Visualisierungsübungen, um die Schülerin oder den Schüler bei ihren Bemühungen um psychische Konzentration zu unterstützen. Bestimmte Techniken waren allein darauf angelegt, geistig-seelische Ruhe und Ausgeglichenheit herbeizuführen, weil die Psyche niemals wirklich einsgerichtet sein kann, wenn sie sich wie gewöhnlich von all den verschiedenen äußeren Strömungen beeinflussen läßt. Dann sind die Chancen gering, die beseligende Stille von »kein Geist, keine Psyche« zu erfahren, die alle Dinge (einschließlich allumfassender Fülle) durch sich hindurchfließen läßt.

Visualisierung ist aber auch ganz profan und praktisch ein wirkungsvolles Werkzeug zur Manifestierung Deiner genau definierten Ziele. An einer anderen Stelle habe ich von den Erfahrungen meiner australischen Schülerin berichtet, die fünf Jahre lang ganz systematisch über ihre Ziele Tagebuch führte, einschließlich konkreter Abbildungen und Photos der Dinge, die sie für sich voraussah. Indem sie ihre Ziele genau definierte und sie dann täglich für einen gewissen Zeitraum visualisierte, konnte sie alle ihre Ziele in relativ kurzer Zeit verwirklichen.

Oft hilft eine spezifische Liste. Schreibe genau auf, was Du möchtest, und schneide Bilder in Zeitschriften aus oder sammle andere Abbildungen, die darstellen, was Du schließlich zu manifestieren beabsichtigst. Klare Visualisierung hilft, Energie konzentrieren und bringt die Energie in den Bereich der Materie. Solltest Du nicht natürlich visuell begabt sein, bedenke einfach, daß mit ein bißchen Übung alles möglich und alles machbar ist. Vielleicht mußt Du Dich nur ein bißchen mehr bemühen. Solltest Du eher kinästhetisch begabt sein, kannst Du auf jeden Fall die Präsenz des Dinges oder Ereignisses spüren, das Du manifestieren möchtest.

4. Liebe begeistert, wofür Du Dich entschieden hast

Liebe, was Du tust. Das ist unglaublich wichtig. Und packe grundsätzlich alles mit Begeisterung an. Das Gefühl der Ekstase. Liebe und Begeisterung befähigt Dich zur Wandlung. Mit Begeisterung kannst Du alle Arten von Emotionen loslassen.

Mach Dich frei von Deinen Emotionen zu allen Fragen von Geld und Überleben, damit Du Fülle erfahren kannst. Im Verlauf des 42-Tages Programms zum *Leben aus der Fülle* konntest Du Dich eingehend mit Deinen Problemen zum Thema Fülle auseinandersetzen. Indem Du Deine Aufmerksamkeit auf Dein Fühlen konzentriertest, hast Du erfolgreich alte Muster aufgelöst und darüber hinaus bewußt wahrgenommen, was Du vorher einfach als Tatsache hingenommen hattest. Wenn Du jedoch den Fluß der Fülle noch zusätzlich beschleunigen möchtest, ist es von entscheidender Bedeutung, alle Deine Herzenswünsche mit der Energie der Liebe zu sättigen.

Wenn Du Deine Tätigkeit liebst, stehst Du energetisch hinter dem, was Dich glücklich macht. Dann wird der Kosmos Dich auf jedem Schritt Deines Weges unterstützen. Wichtig ist, daß die Arbeit an Deinem Ziel Dir Freude bereitet. Es dauert nur eine Sekunde, und dann bist Du über die Ziellinie hinaus. Aber bevor Du diesen Punkt erreichst, vergehen im allgemeinen Wochen, Monate oder sogar Jahre. Jedes Ziel liegt grundsätzlich vor Dir, einen Schritt weit weg, aber das Leben selbst geschieht im ewigen Augenblick. Es gibt nur ein Jetzt,... Jetzt,... Jetzt... und Jetzt, wie Perlen auf einer geschlossenen Schnur – scheinbar ein Jetzt nach dem anderen, aber im Grunde nur ein einziger unendlicher Augenblick, den es zu genießen gilt.

5. In Dankbarkeit leben

Erkenne, daß Dir bereits jetzt gehört, was Du Dir von Herzen wünschst; es hat sich nur noch nicht in der materiellen Welt manifestiert. Indem Du dankbar bist für alles, was Du hast und haben wirst, lebst Du fortwährend im Geist des »Habens«. Und das ist sehr wichtig. Sei schon dankbar, bevor sich Deine Wünsche erfüllt haben, denn ein dankbares Herz ist ein offenes Herz – und deswegen auch offen zu empfangen.

Natürlich bist Du darüber hinaus dankbar für alles, was Du bereits hast und verankerst Dich auf diese Weise *psychisch* noch tiefer im Geist des Habens. Unsere gesamte Wirklichkeitserfahrung ist das unmittelbare Ergebnis jedes einzelnen von uns gedachten Gedankens. Wenn Du »Mangel« denkst, wirst Du »Mangel« erfahren. Wenn Du es andererseits fertigbringst, Deine Aufmerksamkeit kontinuierlich auf den Zustand der Fülle zu konzentrieren, wirst Du mit absoluter Sicherheit mehr Fülle erfahren. Dankbar sein heißt, im Kern Deines Wesens zu wissen, daß alles eins und Trennung eine Täuschung ist. Dankbarkeit meißelt Splitter um Splitter von der Täuschung der Trennung ab, denn sie zieht Deine Aufmerksamkeit vom kleinen »Ich« oder falschen »Selbst« ab. Da Du der Mittelpunkt Deines eigenen Kosmos bist, wirst Du sicher leicht verstehen, wie das »Ich« beginnt, sich mit all den durch es hindurchfließenden Erfahrungen zu identifizieren, als ob es diese selbst hervorgebracht hätte. Sobald Du aber »Danke« sagst, ziehst Du wie beiläufig die Aufmerksamkeit vom »Ich« und seiner Angewohnheit ab, sich alles als eigenes Verdienst anzurechnen und schließt andere Faktoren ein. Ich selbst zum Beispiel bedanke mich, wenn alles gut läuft, besonders aber, wenn ich mit einer Situation *nicht* zufrieden bin. Ich sage Dank an die Kraft der Liebe oder der Energie, die durch mich hindurchströmt; Dank den Menschen, die mir Fülle zutragen; Dank der Tatsache, daß ich mir und anderen Energie zuzuführen verstehe; Dank für alles, was mir widerfährt.

Sobald Du Dich in Deinem Leben in der Einstellung der Dankbarkeit übst, wird allmählich das Staunen zu Dir zurückfinden, das Du in der Kindheit erfahren durftest. Zusammen mit der Erfahrung des Erwachsenen hilft dieses kindliche Gefühl der Ehrfurcht, uns mit jener unbedingten Freude zu erfüllen, die uns immer begleitet, ganz gleich, welche Anforderungen das Leben momentan an uns stellt.

6. Sei bereit zu empfangen, was Dir gehört

Die Bereitschaft, vom Leben alles zu empfangen, was auch immer es bieten mag, ist einer der wichtigsten Schritte im Prozeß der Manifestierung. Leider sind die meisten Menschen tief in ihrem Unbewußten von ihrem Unwert überzeugt. Selbst im Leben äußerst erfolgreiche Menschen geben sich diesen Anschein, um sich um so wertvoller zu fühlen. Sie sitzen häufig dem »Ich-mach-das-alles-selbst«- Syndrom auf und haben ungeheure Schwierigkeiten, von anderen etwas zu empfangen. Dieser Typ muß um des eigenen Rechts wegen andere häufig ins Unrecht setzen. Die Rechthaberei verwandelt alles in einen fortwährenden Kampf, denn es fehlt das ungezwungene Geben und Nehmen.

Ich habe viele Jahre lang Workshops zur emotionalen Befreiung geleitet und war immer wieder überrascht, wie weit verbreitet dieses tiefe Gefühl ist: nicht wert, nicht geliebt zu werden. Wenn uns aber das Gefühl des eigenen Wertes fehlt, tun wir alles Mögliche, um bei anderen Aufmerksamkeit zu erregen und zu beweisen, daß wir doch »gut genug« sind.

»Ich bin nicht gut genug« ist eine Überzeugung, die wir alle voll und ganz fühlen und dann loslassen können. Jeder Mensch auf dieser Erde ist der Liebe wert. Ja, das Gefühl der Wertlosigkeit bringt Kreaturen wie einen Hitler oder Stalin hervor. Diese beiden und ihre vielen kleineren Kopien sind zum größten Teil Produkte von Kindesmißhandlungen. Alice Miller hat in ihren späteren Büchern auf die schlimme Kindheit notorischer Mißhandler und auf die Unmenschlichkeit des Menschen gegenüber seinen Kindern hingewiesen.

Dies sind Extrembeispiele, aber jeder einzelne hat schon das eine oder andere Mal unter dem Gefühl der eigenen Wertlosigkeit gelitten. Wenn Du Deinen »Empfangskanal« öffnen möchtest, kannst Du Deine Achtsamkeit vom Kopf ins Herz verlagern. Vielleicht genügt es schon, einfach nur die Hand aufs Herz zu legen und alle Deine Wünsche und Widerstände gegen das Annehmen von Liebe zu spüren. Der vierte Schritt im ersten 21-Tage Plan wird Dir ebenfalls bei der Lösung dieses Problems helfen. Am Ende solltest Du in Deiner Seele nicht mehr anzweifeln, daß Du der Fülle wert bist. Nimm Deinen eigenen Wert freudig an. Empfange mit dankbarem Herzen, was auch immer Dir bestimmt ist, und Du wirst reich belohnt werden.

7. Mach es wahr mit Deinem Wort.

Sobald Du eine feste Entscheidung getroffen und sie mit Liebe und Dankbarkeit erfüllt hast, ist es wichtig, daß Du sie mit Deinen Worten wahr machst. Du weißt, Du hast alles Menschenmögliche getan, mit Energie zu erfüllen, was auch immer Du zu manifestieren Dich entschieden hast, und erklärst also, daß es getan ist. Von jetzt an sprichst Du von Deiner Absicht nur noch im Präsens. Du machst sie wahr mit Deinem Wort. Du sagst nicht länger: »Ich *werde* das und das tun.« Oder: »Ich *will* das und das tun.« Sondern: »Mein Vorhaben ist dann und dann Wirklichkeit.« Wichtig ist, tief in Dich hineinzufühlen und intuitiv zu spüren, wann Du Deinen Wunsch nach realistischer Einschätzung verwirklichen kannst; dann legst Du Dich auf einen Zeitpunkt fest. Am besten, Du konzentrierst Dich auf Ziele, die Du in ein bis zwei Jahren erreichen kannst. Solltest Du langfristige Ziele haben, kannst Du die nötigen Zwischenschritte als Ziele definieren und Deine Energie voll hinter Deine erklärte Absicht stellen. Achte darauf, wie Du Dich fühlst, wenn Du vom Herzen von Deinen Zielen sprichst. Kommen Zweifel auf, so nimmst Du Dir die Freiheit, diese voll zu fühlen, bis sie sich auflösen. Dann wiederholst Du Deine Absichtserklärung, bis Du absolut sicher bist, daß Du ungebrochen Deine eigene Wahrheit aussprichst.

Am besten, Du teilst Deine Pläne und erklärten Absichten nicht mit psychisch negativ eingestellten Menschen. In den meisten Köpfen schwirren unzählige »Ja, aber« herum oder Gedanken wie: »Das schafft der (oder die) doch nie im Leben!« Solche Gedanken zerstreuen die Energie, die Du für die Manifestierung Deines Vorhabens in Dir aufbaust. Bevor ich mit anderen über ein neues Projekt rede, warte ich gewöhnlich, bis feste Grundlagen da sind.

Hast Du Dir selbst Dein Wort gegeben, hältst Du Dich daran. So viele Menschen reden dauernd daher: »Ich werde das tun«, »Ich werde jenes tun.«, aber gehen der Sache dann nicht weiter nach. Wann immer Du Deinen Worten keine Taten folgen läßt, schwächst Du Dich und nimmst Dir die eigene Kraft. Im Kleinen machen wir das immer und immer wieder. Wir gehen scheinbar nebensächliche Verpflichtungen ein, die wir dann vergessen und nicht ernst nehmen. Wenn Du sicher bist, daß Du Dein Wort nicht halten kannst, sagst Du besser Nein. Das gilt besonders für Deine persönlichen Ziele. Rede kein Wort von einem Ziel, wenn Du weißt, daß Du es nicht erreichen kannst.

Im gesprochenen Wort liegen unermeßliche Kräfte beschlossen, wenn es aus dem Herzen Deiner eigenen Wahrheit kommt. Du vertraust Dir und dem Kosmos und machst Dein Vorhaben mit Deinem Wort wahr. Wenn Du Dich mit Worten verpflichtest, wirkt diese Verpflichtung wie ein Magnet auf Dein Energiefeld, und diese magnetische Kraft zieht an, was auch immer Du zur Manifestierung Deiner Fülle brauchst.

8. Handle

Sobald Du Dir (oder einem anderen) Dein Wort gegeben hast, ist es wichtig, ihm Taten folgen zu lassen. Wenn Du etwas unternimmst, lädst Du Deine Energie mit Deiner Absicht auf, und dies hilft Dir, die fehlenden Teile anzuziehen, die Du zur Vollendung des Puzzles brauchst. Je mehr Du Dich von wahrem Selbst getrennt fühlst, desto mehr mußt Du aktiv zur Manifestierung beitragen.

Sobald Du aktiv wirst, spürst Du eine Welle der Erleichterung und bemerkst Deinen stetigen Fortschritt. Dies hilft Dir zu entspannen, so daß Du Dich neuen Einsichten öffnen kannst, die Deinen Prozeß zusätzlich fördern.

9. Dich wahrem Selbst hingeben

Bist Du aktiv geworden, fällt es dem »Ich« sehr leicht, sich erneut an die Rolle des »Täters« zu klammern. Mit dem »Ich« kannst Du nur bis zu einem gewissen Punkt manifestieren, wie überall auf der Welt zu sehen ist. Ferner ist offensichtlich, daß es keinen Frieden geben wird, solange das »Ich« den Weg bestimmt; wir verfangen uns dann ganz schnell wieder in der Falle des Überlebensspiels und seiner tiefen Angst vor dem Mangel. Zwangsläufig verfallen wir darüber hinaus in die Rolle des Opfers und werden in die Abwärtsspirale hineingezogen, die mit der Idee beginnt, daß wir »niemals genug« haben werden.

Die Antwort lautet wie das alte amerikanische Sprichwort:

»Loslassen und Gott vertrauen«. Du hast Deine Absicht durch Visualisierung mit Energie aufgeladen, mit Liebe erfüllt, Deine Dankbarkeit bekundet und Intiative ergriffen. Jetzt kannst Du nur noch eines tun: Alles Haften an Deinem Plan aufgeben und darauf vertrauen, daß sich das optimale Ergebnis zum höchsten und besten Nutzen einstellen wird. Du vertraust Dein kleines »Selbst« oder »Ich« dem wahren SELBST – dem GÖTTLICHEN, UNENDLICHEN SELBST an, das uns allen gemeinsam ist.

Das Göttliche kann nun durch Dich wirken, denn Du forderst Dein »Ich«, Deine *Persona* ganz bewußt auf, den Weg freizumachen. Zwar bist Du auch weiterhin aktiv, aber ohne Sorgen und ohne Streß. Da Du Dich nicht länger mit Deinem »Tun« identifizierst, kannst Du einfach *sein.*

Kapitel 6

Das Goldene Zeitalter Jetzt

SEIN ist der Weg zur Fülle, nicht Tun. Wir müssen den Dingen und Ereignissen Zeit zur Entfaltung lassen. Das ist so viel wichtiger, als sie zu manipulieren, damit sie unseren Zielvorstellungen entsprechen. Sobald wir für uns klar bestimmt haben, was wir erreichen möchten, öffnen wir uns, um zu empfangen, denn dies bringt uns weiter als das einseitige und unausgewogene Wettrennen zur Erreichung unserer Ziele.

Auf den Punkt gebracht: Eine gesunde Mischung aus weiblicher Empfänglichkeit und männlicher Einsgerichtetheit ist der Weg zur Fülle, nicht die stereotype männliche »heiße« Jagd nach dem Ziel. Diese kleine Veränderung unserer Einstellung ist ein Ausdruck der größeren Veränderungen, die jetzt in Erscheinung treten.

Das Paradigma des Mangels

Wir stehen heute vor einer kritischen Wegscheide in der Geschichte unseres Planeten. Es ist eine Zeit des Wandels, der Moment einer verzweifelt notwendigen Bewußtseinsveränderung, die bereits ein fortgeschrittenes Stadium erreicht hat. Schneller Wandel weckt grundsätzlich Todesängste – ein Grund für die gegenwärtige Konjunktur von Weltuntergangsvisionen. Ich persönlich gebe nicht besonders viel auf derartige Szenerien des Schreckens. Die Angst vor der Vernichtung allen Lebens ist *keine* echte Option für die Energie der Universalen Lebenskraft, sondern eher eine Idee, geboren aus der begrenzten Sicht der Menschheit. Im Grunde ist die Idee des Weltuntergangs nicht mehr als eine Projektion unserer begrenzten Überzeugungen und Vorstellungen. Da unsere Überzeugungen und Vorstellungen begrenzt sind, fällt es uns leicht, dem LEBEN projizierte Grenzen aufzuerlegen.

Die Angst vor dem Weltuntergang mag unbegründet sein, aber immerhin leben wir in einer Zeit dramatischer und derartig weitreichender Veränderungen, wie sie vor nur einhundert Jahren vollkommen unvorstellbar waren. Diese Veränderungen laufen auf einen Paradigama-Wechsel hinaus, auf einen Wandel unserer Grundanschauungen, mit denen wir unsere Welt und unser Leben erklären. *Wir alle werden das Leben sehr bald mit ganz anderen Augen sehen.*

In den letzten 5.000 Jahren hat die Welt auf der Basis einiger weniger Grundregeln funktioniert, wie etwa: Gott steht höher als der Mann, der Mann höher als die Frau. Mann ist gut, Frau ist böse. Das Leben ist ein Kampf. Das Leben ist Mangel. Indem wir die Geschichte aus der Perspektive betrachten, aus der man sie uns bisher gelehrt hat, können wir leicht erkennen, daß die eigentliche Fülle des LEBENS über die Jahrtausende niemals eine wirkliche Würdigung gefunden hat. In den letzten 5.000 Jahren ist sie größtenteils übersehen, wenn nicht sogar unterdrückt und ihre Gegenwart geleugnet worden.

Die schriftlich überlieferte Geschichte ist eine Geschichte von Kampf, Konflikt und Krieg. Ja, man hat uns im Geschichtsunterricht sogar Sätze untergeschoben wie: »Der Krieg ist der Vater aller Dinge.«, weil er uns angeblich erfinderisch genug macht zu überleben. Diese Aussage ist äußerst aufschlußreich, denn sie zeigt, wie sehr uns unser eigenes Lebensverständnis verarmt hat. Viele tausend Jahre haben wir aufgehört, miteinander zu leben. Sattdessen haben wir jede(r) gegen jede(n) um unser Überleben gekämpft.

Das Goldene Zeitalter Jetzt

All dies wird sich ändern. Wir werden die Wiederauferstehung eines Bewußtseins der Fülle miterleben, ganz einfach weil die alten Muster ausgespielt haben. Die Bewußtseinsveränderung hin zu einer größeren Offenheit für die dem Leben eigene Fülle wird von vielen anderen Veränderungen begleitet werden: vom Wechsel von einem Herrschafts- zu einem Partnerschaftsmodell gesellschaftlicher Beziehungen und Organisation; von absoluter männlicher Kontrolle zur absoluten Gleichberechtigung der Geschlechter; von Angst und Schuld als treibenden Faktoren unserer Motivation zu einer Motivation auf der Grundlage der Kreativität und spielerischen Offenheit des SEINS; von der Ausbeutung der Umwelt zur Kooperation mit den Kräften von Mutter Erde; von einem alles durchdringenden Gefühl der Trennung zu einer allumfassenden Erfahrung der Nicht-Zweiheit; von der Mißachtung der Schönheit in jedem Ausdruck der Schöpfung zu einer Würdigung eben dieser Schönheit aus der Tiefe unseres Herzens; von Angst und Unsicherheit zu bedingungsloser Liebe; von der Spaltung in Subjekt und Objekt zum EINSSEIN in wahrem SELBST.

Vielleicht klingt das zu schön, um wahr zu sein, aber im Grunde ist es schon jetzt die eigentliche Wahrheit. Wie wir im Verlauf des 42-Tages Programms zum *Leben aus der Fülle* erfahren konnten, sind unsere Zweifel an einer derartig positiven und total erhebenden Erfahrung das unmittelbare Ergebnis unserer früheren Konditionierung. Wir sind darauf konditioniert, Mangel als gegeben hinzunehmen, und dies zwingt uns, weiteren Mangel zu erfahren. Sobald Du durch innere Veränderungen das Haften an Deiner Konditionierung aufgibst, wirst Du Deine gesamte Erfahrung revolutionieren.

Für die gegenwärtig auf uns einstürzenden Veränderungen gibt es sogar einen Präzedenzfall aus der Vergangenheit. Zu einer bestimmten Zeit in der Geschichte wurde die dem Leben eigene Fülle geschätzt anstatt geleugnet. Fast alle Kulturen der Erde berichten von einem »Goldenen Zeitalter«, als alles vollkommen war und die Lebensspanne der Menschen nahezu grenzenlos, als Frieden herrschte zwischen dem Menschen und den übrigen Geschöpfen. Dieses Goldene Zeitalter erinnert an den Garten Eden der Bibel oder an das »erste Weltzeitalter«, beschrieben in den Mythen der Hindus oder Buddhisten. Das Goldene Zeitalter oder Paradies repräsentiert den Garten unbegrenzten Lebens, aus dem der Mensch sich verirrte, um die Begrenzungen der materiellen Ebene zu erfahren – und über die Notwendigkeit dieser Erfahrung hinauszuwachsen.

Weil ich leben will
auf dieser Erde der Fülle
im Land wo Delphine
die Schiffe zum Hafen geleiten
und meine Liebe in Verzückung tanzt
die Schlangen der Weisheit
wie Reifen um das Handgelenk
gebe ich alle derartigen Gedanken auf
und wage den Sprung ins HERZ
das hier ist
JETZT.

Narayan

Wir wollen kurz auf einige seltsame archäologische Entdekkungen eingehen, die selten Erwähnung finden, damit wir den Mythos vom Goldenen Zeitalter besser verstehen und sehen, wie dieser die gesünderen Werte fördern könnte, die wir oben genannt haben. Die Entdeckungen lassen auf eine dramatische Verschiebung des Massenbewußtseins schließen, die etwa vor achttausend Jahren begann und vor viertausend Jahren so gut wie abgeschlossen war. Es war der polare Gegensatz zu der Verschiebung, die wir gerade erfahren: von einem Verhaltensmodell der Partnerschaft zu dem der Herrschaft, von der Zusammenarbeit zur Zwangsarbeit und von der Gleichberechtigung der Geschlechter zur einseitigen männlichen Vorherrschaft.

Viele Hinweise deuten auf eine solche Verschiebung. So haben Ausgrabungen in Ost- und Mitteleuropa gezeigt, daß die Grabstätten einer früheren Periode für Frauen und Männer gleich große und gleich mit Beigaben gefüllte Gräber aufwiesen. Frauen und Männer waren mit der gleichen Sorgfalt beigesetzt. Ausgrabungen aus einer späteren Periode hingegen offenbarten einige auffällige Veränderungen: Die Männergräber waren nun größer. Außerdem hatte man wichtige Männer zusammen mit ihren Frauen und Sklaven beigesetzt (die man nach dem Ableben ihres Herren ermordete, damit sie ihm auch in der Unterwelt würden dienen können). In den Gräbern der früheren Perioden fehlen alle Hinweise auf ähnliche Grausamkeiten. Befestigungen sind ein weiteres Beispiel: während sie in den Ausgrabungen früherer Perioden fehlen, zeigen Ausgrabungen späterer Siedlungsperioden, daß Befestigungen die Norm waren.

Man könnte einwenden, daß alle solchen Veränderungen ausschließlich auf technischen Fortschritt deuten und keineswegs auf einen Paradigmenwechsel. Es gilt jedoch zu bedenken, daß man auf Kreta, im Nahen Osten und im Industal ganze Städte ohne Befestigungen ausgegraben hat. Vor allem in den Städten der Industal-Kultur fand man dagegen hochentwickelte Bewässerungssysteme, öffentliche und private Bäder, wohnliche Häuser, Kornspeicher, Hafenanlagen und andere praktische Einrichtungen.

Aufschlußreich ist natürlich auch, was man an diesen Orten *nicht* fand: kein einziges Gebäude, das man als Palast oder Tempel identifizieren konnte. – Keine Befestigungen, keine Paläste und keine Tempel, aber viele Einrichtungen, die das Leben lebenswerter machten und für eine Fülle an Früchten, Getreide, Wasser und Komfort sorgten; die Länder der Industal-Kultur müssen in der Tat einem vollkommenen Garten geglichen haben, wo die Menschen harmonisch zusammenlebten. Selbst der spirituelle Aspekt der Fülle fehlte nicht, wie Tonfiguren und Siegel mit Abbildungen der Göttin und männlichen Figuren in Yoga-Haltung beweisen.

In gewisser Hinsicht beschwört unsere ferne Vergangenheit unsere Zukunft, natürlich nur, wenn wir die notwendigen Werkzeuge einsetzen, um die bereits begonnene Bewußtseinsveränderung erfolgreich abzuschließen. Wir werden dann eine neue Unschuld entdecken, angereichert mit den Erfahrungen der Begrenzung, die wir in den letzten fünftausend Jahren integriert und transzendiert haben. Aber Du mußt nicht auf den Übergang vom alten zum neuen Bewußtsein warten, Du kannst ihn *jetzt* vollziehen. Ein wichtiger Schritt in diese Richtung ist Deine *begeisterte* Arbeit mit dem 42-Tage Programm zur Auflösung von Mangel und der Öffnung zu vollkommener Fülle.

Diese Fülle hat mir in meinem Leben viele Jahre lang Zeichen gegeben, ihr zu folgen. Es fing damit an, daß ich nach Empfang des Meistergrads die klare innere Anweisung vernahm, Reiki nicht nur in einem Land, sondern auf der ganzen Welt weiterzugeben. Dabei entdeckte ich große Fülle, die sich jedoch nur schrittweise über viele Jahre manifestierte, als ich schließlich gelernt hatte, der Güte und dem Reichtum zu vertrauen, die der Energie der Universalen Lebenskraft innewohnen.

Natürlich arbeite ich auch heute noch und manchmal aus freier Entscheidung sogar sehr hart. Vorausgesetzt ich bleibe dabei mit der Reiki-Energie der eigenen Bewußtheit in Berührung, erfahre ich meine Arbeit jedoch als Spiel. Sie ist Fluß, Anmut, Leichtigkeit. Was immer ich tue, es entfaltet sich in der Energie der Universalen Lebenskraft.

Nur wenn ich physisch erschöpft und mit meinen Kräften am Ende bin, fühle ich mich von diesem Fluß abgeschnitten und zurückgeworfen in die alte Leier von: »Ich Ärmste, immer nur Pflichten!« Bin ich hingegen gut ausgeruht, fühlt sich es an wie ein Geschenk, das mir gegeben wurde, damit ich dem Leben in einem Prozeß unendlichen Teilens alles zurückgeben kann.

Für mich ist der Weg der Universalen Lebensenergie immer ein Weg kontinuierlichen Fortschritts gewesen. Viele Male bin ich spontan in die Kunst eingeweiht worden, das Leben voll und rund zu leben. Das ist natürlich nicht über Nacht geschehen, sondern allmählich und im Gleichmaß. Ich bin dabei sehr vielen Menschen begegnet. Sie alle haben zu diesem Entwicklungsprozeß beigetragen. Ich habe viele Erfahrungen machen können, und alle waren sie wertvoll. An einem Punkt klärte mein lieber Lehrer die Frage der Erfüllung für mich ein für alle Mal, indem er mir einen neuen Namen gab. Er nannte mich *Laxmi* nach der indischen Göttin des Reichtums und der Fülle und sagte: »Ich gebe Dir den Namen *Laxmi*, weil Du Dir in diesem Leben alle Deine Wünsche erfüllen wirst.« Gewiß hat er dabei auch meinen größten Wunsch gespürt: alles Wünschen aufzugeben, denn mein größter Wunsch ist Freiheit. Er erklärte weiterhin, daß er mir den neuen Namen geben würde, um mich aus den alten Mustern des Mangels und der Konditionierung meiner Kindheit zu befreien.

Wenn ich auf mein Leben zurückblicke, kann ich deutlich sehen, daß absolute Freiheit schon immer ein Ziel war und der Weg, den ich gewählt habe, um ihn mit anderen zu teilen. Indem ich mich diesem Zustand annähere, erkenne ich, daß selbst Freiheit ein Wunsch ist, der schließlich zerschmelzen wird, denn Freiheit ist nicht etwas, das ich erlange oder werde, sondern DAS, was ICH BIN – und, Du liebe Gefährtin, lieber Gefährte auf dem Weg, DAS, was *Du bist.*

Über die Autorin

Paula Horan ist Psychologin, Reiki-Meisterin, Autorin und Seminarleiterin. Mit ihrer warmherzigen persönlichen Ausstrahlung und ihrem inspirierenden Lehrstil hilft sie ihren Schülerinnen und Schülern, den Reichtum und die Fülle zu manifestieren, die ganz natürlich zum Leben gehören.

In Amerika geboren, verbrachte sie ihre Kindheit und Jugend in Italien und Deutschland. Nach dem Grundstudium der Soziologie und englischen Literatur in Südengland siedelte sie nach Kalifornien um, wo sie ihr Psychologiestudium zuerst mit dem Magister (Schwerpunkt Tanztherapie) und später der Promotion zum Doktor der Psychologie in San Diego abschloß.

Dr. Horan vereint in ihrer Arbeit alle Aspekte von Körper, Psyche und Geist, um ihre Schülerinnen und Schüler an eine höhere Ebene der Selbstverwirklichung heranzuführen. Sie verfügt über eine lange und reiche Erfahrung mit Techniken der Körper- und psychologischen Arbeit und hat Menschen auf der ganzen Welt bei der Entdeckung von Werkzeugen zu persönlichem Wachstum unterstützt.

Paula ist außerdem eine erfolgreiche Autorin. Sie ist in den U.S.A. und in Europa in Talk-Shows im Fernsehen aufgetreten. Ihr erstes Buch, *Die Reiki-Kraft*, wurde bislang in zwölf Sprachen übersetzt. Aus ihrem reichen Erfahrungsschatz entwickelte sie das *Core Empowerment Training*, eine fortgeschrittene Bewußtseins-Technologie, die die bewußte Wahrnehmung zu einer umfassenden "Panorama-Bewußtheit« zu steigern vermag. Dieser intensive 5-Tage Prozeß war Grundlage und Inspiration für ihr zweites Buch: *Die Kraft aus der Mitte des Herzens*, das sie in Zusammenarbeit mit der Reiki-Meisterin Brigitte Ziegler veröffentlichte. Das *Core Empowerment Training* gewährt den Teilnehmerinnen und Teilnehmern die Möglichkeit, alle die Hindernisse zu identifizieren, prüfen und überwinden, die ihnen die volle Beteiligung am eigenen Leben verweigern.

Reiki – Der Weg zur Erfüllung ist Paulas drittes Buch. Es wurde von ihrem *Core Abundance*-Seminar inspiriert, das sie ebenfalls weltweit unterrichtet.

Paula ist an Zuschriften und Kommentaren ihrer Leserinnen und Leser interessiert. Wenn Du darüber hinaus Informationen über ihre Programme in den U.S.A., Kanada, Europa und Indien erhalten möchtest, schreibe bitte an:

Windpferd Verlag
Stichwort: „Erfüllung"
Postfach
D-87648 Aitrang

Wir leiten Deine Post an Paula Horan weiter.

Wenn der Verlag Dir Paulas aktuelle Adresse und ihre Telefonnummer senden soll, lege bitte auch einen adressierten und frankierten Rückumschlag bzw. einen internationalen Antwortschein bei.